英語で表現する大学生活

バウンダリー叢書

# 英語で表現する大学生活
## 入学から卒論まで

## 盛 香織

Let's study
how to express
your university life
in English

海鳴社

# Preface はじめに

　日本の大学生の1年間は，サークル活動や友達との飲み会，ゼミの先生や仲間との合宿といった楽しいことから，期末テストや卒業論文作成等大変なことまで，様々なイベントに溢れています．今大学生の人，これから大学生になる人，かつて大学生だった人，海外から来て日本の大学で学んでいる人などに，大学生活の様々なイベントをどうやって英語で伝えればよいのだろうかと思ったことはありませんか．

　本著は，大学生活を送るための様々な単語や文章を紹介し，簡単な英会話表現も併せて紹介しています．また，日本の大学では近年，海外留学する日本人学生や，日本に学びに来る留学生が増えていることから，日本に固有の文化についても皆さんが説明できるように，紹介しています．皆さんの英語のレベルに合わせて，単語や表現にチャレンジしてみてください．

　それでは，日本の大学の1年間を英語で過ごしてみましょう．

> Let's study how to express your university life in English!
> 英語で大学生生活をどう表現するのか勉強しましょう！

## Contents もくじ

Preface · · · · · · · · · · · · · · · 5

April · · · · · · · · · · · · · · · · 9

May · · · · · · · · · · · · · · · · 31

June · · · · · · · · · · · · · · · · 51

July · · · · · · · · · · · · · · · · 67

August · · · · · · · · · · · · · · · 81

September · · · · · · · · · · · · · 93

October · · · · · · · · · · · · · · 109

November · · · · · · · · · · · · · 123

December · · · · · · · · · · · · · 141

January · · · · · · · · · · · · · · 153

February · · · · · · · · · · · · · · 169

March · · · · · · · · · · · · · · · 179

Afterword · · · · · · · · · · · · · 190

# April

　日本の多くの大学では，桜満開(cherry blossoms in full bloom) の4月が新学期となります．大学に入学したばかりの1年生には，高校生活とは違う目新しいことが矢継ぎ早(one after another) に起こります．入学式やオリエンテーション，履修登録など，英語でなんというのでしょうか．

## ○入学式
## University Entrance Ceremony

　最近は温暖化の影響(the influence of global warming)で，3月に暖かくなってしまう関係から，入学式の前に桜が散ってしまうこともありますが，桜満開の4月，多くの大学では入学式が行われます．

　大変だった受験生活も終わり，高校の制服を脱いで，スーツ姿でどきどき(feel anxious)しながら入学式に参加して，大学生活が始まります．入学式では，校歌(school song)が歌われたり，学長(president)が新入生に大学で学んでほしいことや，皆さんへの期待をお話しします．お話を聞きながら，新入生の皆さんは，これから始まる大学生活への期待を高めることでしょう．入学式に同席される保護者の方々も，感慨無量ではないでしょうか．

　ちなみにアメリカの大学では，入学は9月が一般的ですが，9月以外にも入学時期が複数あるので，日本のように特に入学式のような特別な式典を行う大学は少ないようです．

April

> **I wonder** what kind of university life is waiting for me!
> どんな大学生活がはじまるのかな！

### ✎ Useful Expressions（便利な表現）

"I wonder...." で，「・・・かな」といった気持ちを表現することができます．たとえば，"I wonder if he is still angry at me" で，「彼はまだ私のこと怒っているのかな」といったように，いろいろな場面で使えます．

## ○オリエンテーション
## Orientation

　多くの大学では，新入生が楽しく安心して大学生活を送れるように(spend university life with ease)，入学式が終わるとすぐに，オリエンテーション（大学によっては，違う表現をするところもあるかもしれませんが）と呼ばれる，大学の様々な組織や活動を紹介する日を設けており，これに参加すれば，大学生活を始めるためにいろいろな情報をえることができます．オリエンテーションには，大学全体についての説明や，皆さんが入学した学部や学科ごとに，学科で学ぶことや先生の紹介，等さまざまな内容があります．

　大学によっては，新入生が大学に慣れ，友達が早くできるように，合宿をするところもあります．一泊したり，施設見学(visiting facilities)をしたり，内容は様々ですが，多くの卒業生にとって，オリエンテーション合宿は，大学の最初の大切な思い出となっているようです．

April

My department has an orientation at a factory.
オリエンテーションで工場見学に行くんだ.

Sounds interesting.
面白そうだね.

📎 Useful Expressions (便利な表現)

"Sounds ○○（形容詞）"で,「○○そう」という意味になります. ○○に"sad"を入れれば,「悲しそう」になりますし, "delicious"をいれれば「おいしそう」になります.

# ○健康診断
## Medical Check

　新学期が始まると多くの大学では，新入生と在学生に対して，健康診断を実施します．健康診断では，身長(height)や体重(weight)を測ったり，視力(eyesight)や聴力(hearing)，基礎的体力(basic physical ability) を測定したりと，皆さんが健康に大学生活を送るための十分な健康と体力があるか調べます．問題があれば，皆さんにお知らせして，専門病院で問題がある部分のさらなる診断や，改善のためのアドバイスがなされます．

　大学生活は勉強に，バイトに，遊びに，ボランティアに忙しく，期末試験前ともなると徹夜で勉強する学生もいたりして，体力を使うことが多いですから，年1回の健康診断で，自分の健康状態を把握して，健康な1年間を過ごしましょう(spend a healthy year understanding your health condition).

April

> Oh no! I've got 5 more kilograms! I need to lose weight.
> なんてこった。5キロも増えちゃった.

✐ Useful Expressions （便利な表現）

　「なんてこった」や「そんなー」「びっくりしたー」といった驚きを表す表現には"Oh no", "Oh my god", "Oh my goodness"といった表現があります.

## ○新入生歓迎コンパ（新歓コンパ）
### Welcome Party for 1st Year Students

　日本の多くの大学では，勉強以外にも（もちろん，勉強が一番大切なのですが）サークル活動に頑張っている学生が沢山います．サークル活動(club activities)は，新しい友達を作ったり，先輩（senior: 後輩は junior）と知り合って大学生活についていろいろ聞けるので，大学に慣れるには良い活動です．

　上級生にとっても4月は，サークルに新入部員を入れる大切な時期で，上級生は春休みから勧誘のチラシを作成したりして，新入生を歓迎するムードでいっぱいです．部員になってくれた新入生を歓迎するパーティが新歓コンパです．

　20歳未満の学生はお酒を飲んではいけませんが，20歳過ぎていても，飲みすぎはいけませんよ．毎年，急性アルコール中毒(excessive alcohol consumption or emergent alcohol addiction)になる大学生のニュースは後を絶ちません．お酒を楽しみながら節度を覚える，これも大学生活で学ぶ大切なレッスンです．

April

> **Why don't you** join our club?
> サークルに入りませんか？

### ✐ Useful Expressions （便利な表現）

"Why don't you ○○（動詞）.....?"で，「○○しませんか」という人を誘う意味になります．○○に"go to a restaurant"を入れれば「レストランに行きませんか」という意味になります．

## ○履修登録
## Course Registration

　大学では高校までと違い，先生（professor）が書いたシラバスをもとに，自分の学びたい授業を選んで登録します．これを履修登録(course registration)といいます．シラバスだけでなく，授業開始の第1週目は多くの先生は授業に関する説明（guidance）を行うので，学生の皆さんは関心のある授業に参加して，実際の雰囲気を味わってから，どの授業を履修するか決めることもできます．

　授業には必修科目(mandatory classes)と選択科目(optional classes)があり，必修科目は卒業までにきちんと履修しないと卒業できなくなるので，注意しましょう．

　大学によっては，1年毎に大体何単位とればバランスのよい学習ができるか基準を設定している大学もあるので，こうした基準も参考にして，履修登録をしましょう．

　履修登録は，大学によっては，紙に記入して登録したり，コンピューター上で登録したりするところ等，様々ですが，いずれにしてもきちんと履修登録しないと，授業に出席していても単位(credit)がとれないので注意しましょう．履修登録をすると，いよいよ授業が始まります．

April

> I'm going to take 20 classes this semester.
> 今学期は20クラス履修するぞ．

> **That must be** too many?
> 多すぎるんじゃない？

---

✎ Useful Expressions （便利な表現）

"That must be ○○"で,「○○なんじゃない」という推測を表す意味になります．○○に"strange"を入れれば,「おかしいんじゃない」といった意味になります．

## ○学生掲示板
## Bulletin Board

　多くの大学では，授業やイベントに関する様々なお知らせを伝えるための掲示板があります．そこを見ることで授業の休講(cancellation of classes)情報や，テストスケジュール(exam schedule)，大学祭のお知らせ，サークルの発表会や，大学が開催するシンポジウム(symposium)や学会(conference)，大学近隣で行われるイベント，といった皆さんにとって必要だったり，関心の深い情報をえることができます．

　最近では，大学のホームページからもこうした情報をえることが可能な大学が多いと思いますが，大学に来たらまず，掲示板を見る習慣をつけると，教室に行ってみたら授業が突然休校になっていたために，誰も教室にはいなくて(nobody was in a classroom)，知らなかったのは自分一人だったといったことは防げます．皆さんに役立つ情報で満載の掲示板は，いつも見るようにしましょう．

April

《大学の施設の名前》

| ○校舎 | Building, Hall<br>　大学によっては，たとえば，「○○記念館」(○○Memorial Hall) のように，建物に名前がつけられているところもあります． |
|---|---|
| ○体育館 | Gymnasium |
| ○入口 | Entrance |
| ○バス停 | Bus stop<br>　大学によっては，最寄駅から有料・無料の大学と駅を往来するバスがあります． |
| ○トイレ | Rest room<br>　最近の大学のトイレは，洗浄や消音機能のついている清潔で使いやすいトイレを設置しているところが多いようです． |
| ○喫煙所 | Smoking Area<br>　最近の大学は，喫煙スペースを厳しく制限していることが多いので，喫煙する学生は，きちんと定められた場所で吸いましょう． |

# ○授業を受ける
## Taking Classes

　入学式，オリエンテーション，そして履修登録が終わると，いよいよ授業が本格的に始まります．大学の授業時間は，高校よりも長いところが多いので，新入生の皆さんは時間の長さに驚くかもしれません．大学の授業は，100人を超える大授業や，新入生と上級生が一緒に受ける授業などもあります．

　授業の仕方も先生によって様々です．パワーポイント(Power Point)というスライドを皆さんに見せながら，説明する先生もいますし，レジュメ(resume)というその日の学習内容をまとめた紙の配布物を中心に説明する先生もいますし，指定教科書を使って授業を行う先生もいますし，テキストコピーを配布して授業をする先生もいますし，いろいろです．板書をたくさんする先生もいますし，しない先生もいるので，テストに備えて自分なりの学習ノートを作ること(note taking)も大学の授業では大切です．

　宿題(assignment)に関しては，事前に課す先生もいますし，1学期中にレポートを何回か課す先生もいますし，これもいろいろですが，宿題の提出を成績の参考にする先生も多いので，きちんと提出しましょう．

# April

I've got tons of assignments from Math class!
数学の授業でわんさか課題が出たよ．

**Good luck!**
がんばって！

✐ Useful Expressions （便利な表現）

　人を励ます「頑張って」という表現には，"Good luck", "Go for it", "Go for broke", "Hang in there" 等色々あります．

# ○お花見
## Cherry Blossom Viewing Party

 4月は桜が満開で,気候も穏やかなので,桜の名所では昼に夜に花見客がにぎわっています.花見に友達とでかける大学生も多いでしょう.花を見ながらパーティーをするという習慣は,他国にはあまりないので,留学生も誘って(invite international students),お花見をすると楽しいでしょう.

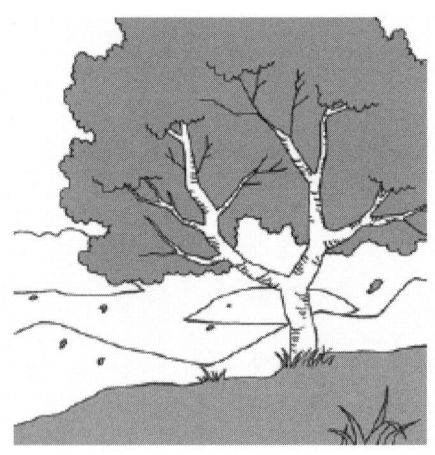

# April

How beautiful cherry blossoms are!
桜はきれいだな！

### 🖊 Useful Expressions （便利な表現）

"How ○○（形容詞）！"で,「なんて○○なんだろう！」という気持ちを表現する意味になります. ○○に"funny"を入れれば「なんて面白いんだろう」という意味になります.

# ○学生課
## Student Affairs Division

　大学生活を通じて，皆さんが頻繁に訪れるのは，学生課でしょう．大学によって，その機能や名称は異なるかもしれませんが，多くの大学の学生課では，皆さんの授業登録や成績にまつわること，奨学金(scholarship)の相談，サークル活動等，皆さんが大学生活を楽しく送れるためのいろいろなサポートをしてくれます．

　1年生は大学が始まったばかりで履修の相談等色々となにかわからないことがあると思います．困ったことがあったら，1年生だけでなく上級生もどんどん学生課を利用しましょう．

　また，学生課で発行してくれる書類 (papers available at Students Affaires Division)には，成績表(transcripts)，在学証明書(certification of your university presence)，卒業証明書(diploma)等があります．こうした書類は，就職活動時等に必要になってくる大切な書類です．

April

> Where **can I** apply for a diploma?
> 卒業証書はどこで
> 申し込めますか？

### ✐ Useful Expressions （便利な表現）

　"Can I.....?"はとても便利な表現で，"Can"の前に"How"をつければ「どうすれば〇〇できますか」，"Where"をつければ「どこで〇〇できますか」というように，人に何かを尋ねる時に疑問詞を付け替えて使うだけで，聞きたいことはたいてい聞けます．

# ○大学教員
## University Professors

　高校までの先生と違って,大学の先生は研究業績や教員歴に従って,名称が異なります.かといって,それは教授のほうが助教よりも偉いとかいうことではなく,長年教育や研究に従事してきた順に,業績が認められるということで,大学で働く先生方は,年長の先生にしろ,若い先生にしろ,みんな一生懸命皆さんに教育している点では同じです.

　多くの先生は研究室(一般的にはofficeといいますが,laboratoryという表現をとる研究室もあります)を持っていて,オフィスアワー(office hours)という,学生の勉強の質問や,その他の質問等に対応する時間を設けているので,授業でわからないことがあったり,研究の相談があったら,この時間帯に先生を訪問して,オフィスアワーを積極的に活用しましょう.

　また,大学には,先生以外にも,先生の研究や教育をサポートする人,皆さんの教育を支える人などいろいろな人々がいます.大学で皆さんの勉強にかかわる様々な人々を,ここでは紹介しましょう.

April

《大学に関わる人々》

| | |
|---|---|
| ○教授<br>　Professor | 　学校教育法という法律で，教授は立派な研究業績と教育経験があるということになっています．教授になると，研究と教育だけでなく，大学全体の教育環境をよりよくするための責任が伴います． |
| ○准教授<br>　Associate Professor | 　准教授も，立派な教育と研究歴がありますが，まだまだ研究と教育に励む必要のある先生方です． |
| ○助教<br>　Assistant Professor | 　助教は，教育と研究にこれからたくさん力を発揮していく人々です． |
| ○非常勤講師<br>　Part-Time Lecturer | 　大学の特定の授業を担当する大学外部の先生方です． |
| ○研究員<br>　Researcher | 　主に実験等を行い，授業はしない研究者等を指します． |

| | |
|---|---|
| ○リサーチ・アシスタント<br>Research Assistant | 　先生の研究補助をする人々で，主に大学院生が担当しています．大学によっては，ティーチング・アシスタントとリサーチ・アシスタントが完全に別々のところもありますし，両者を同じ人が担っているところもあります． |
| ○ティーチング・アシスタント<br>Teaching Assistant | 　先生の授業の補佐をする研究者の卵の人々が多く，主に大学院生が担当します．みなさんが受講している授業で，出席を確認したり，プリントを配布したり，先生が忙しい時に，質問等に答えてくれる人がいれば，その人がティーチング・アシスタントです．日本ではティーチング・アシスタントは主に，先生の授業補助ですが，アメリカでは授業を担当するティーチング・アシスタントが沢山います． |
| ○客員研究員<br>Visiting Scholar | 　大学には海外からの研究者が 1 年や 3 年等，滞在時期を限定して，日本の大学に研究をしに来ることがあり，こうした研究者を客員研究員といいます．大学によっては，こうした先生に授業を担当してもらうところもあるようです． |

# May

　桜もすっかり青葉になる季節，5月はゴールデンウィーク(Golden Week)があって，大学生活の緊張から少し離れることができる時期です．家族から離れて一人暮らしを始めた1年生にとっては，料理のレシピを増やしてみようかな，と余裕が生まれる頃かもしれません．一人暮らしの生活を英語でなんていうのかみてみましょう．

# ○一人暮らし
## Living off-Campus

　最近は，親元から大学に通う大学生が多いといわれていますが，一人暮らしは自立のためのよい勉強になります．自分で食事の準備(grocery shopping, cooking, dish washing)や，洗濯(doing laundry)，掃除(cleaning)をすることは，家族のありがたさを改めて知る上でもとても大切な経験になります．食事作りは，健康を自己管理(managing one's health)できるようになるよいきっかけになります．また一人暮らしは，家計を自分で管理するので，金銭的にバランスのある生活態度を身につける点でも，良い勉強になります．

　一人暮らしの多くの学生は，1 DKや2 DKのアパートに住むかと思いますが，アパートの名前が「○○マンション」だとしても，1 DKや2 DKの広さくらいの借家は，英語圏ではアパート(apartment)と呼びます．マンションは，ビル・ゲイツのような大金持が住む家と考えられるので，注意しましょう．

May

> **I didn't know** my mother did all these things everyday!
> お母さん毎日こんなに大変なことしていてくれたんだな！

### ✐Useful Expressions （便利な表現）

"I didn't know"の後に文章を続けると,「○○ということを知らなかったな」という気持ちを表す表現になります．たとえば"I didn't know how much I hurt her"は「彼女をこんなに傷つけていたなんて知らなかったな」という意味になります．

# ○一人暮らしに必要な物の名称
## Things you need for your apartment

　一人暮らしは，言葉通り，一人で暮らすので，生活するために必要なものがたくさんあって，そろえるのが大変です．アメリカの大学では，卒業する学生が「○○ For Sale」，「Moving Sale（引っ越し大売り出し）」というチラシ(flyer)を，大学の掲示板等に出して，新入生や在校生にいらなくなった物を安く売るのが通例なので，日本でもこうしたリサイクルを学生間で行うと，一人暮らしの学生の生活を支える家族には有り難いですし，環境にも良いですし，一石二鳥です．日本の学生の間にも根付くといいですね．

《一人暮らしに必要な物の名称》

| | |
|---|---|
| ○洗濯機<br>　washing machine | 忙しい大学生にとっては，夜に使用しても騒音のしない洗濯機が便利かもしれませんね． |
| ○テレビ　TV | 勉強の気分転換や，情報収集に必要です． |

## May

| | |
|---|---|
| ○コンピューター<br>　　computer | レポート作成に，友達とのメールに，情報収集に，ゲームにと大学生には欠かせないアイテムです． |
| ○冷蔵庫<br>　　refrigerator | 一人暮らし用の小さい冷蔵庫が便利です． |
| ○レンジ<br>　　microwave | 自炊が面倒な時，コンビニ弁当をレンジでチン． |
| ○椅子　chair<br>○机上ランプ　desk light<br>○机　desk | 勉強には欠かせない3点セットです． |
| ○炊飯器<br>　　rice cooker | とりあえずお米を炊いておけば，食生活は大丈夫． |
| ○鍋　pan | 一つあれば目玉焼きも，ラーメンも作れて便利． |
| ○敷布団　futon<br>○毛布　blanket<br>○枕　pillow | 敷布団はフートンと発音します． |

# ○自炊をしよう！
## Let's Cook at Home!

　一人暮らしでは，生活のあらゆることを自分でしなくてはならないので大変ですが，とりわけ大変なのは食事作りでしょう．勉強やサークルが忙しくて，ついコンビニでのお弁当や，外食に食事を頼ってしまうかもしれません．でも，自炊は経済的ですし，栄養バランスを保つにもお薦めです．一人暮らしを機に，おうちの人から，家族直伝のレシピを教えてもらうのも良いかもしれません．

《Cooking Utensils　料理器具の名前》

| | |
|---|---|
| フライパン | frying pan |
| こんろ | stove |
| やかん | kettle |
| 鍋 | pan |
| まな板 | cutting board |
| ボウル | bowl |
| すりおろし器 | grater |
| 包丁 | knife |
| おたま | ladle |
| フライパン返し | spatula |

May

《Cooking Words 料理用語》

| | |
|---|---|
| 炒める | stir |
| 揚げる | fry |
| 混ぜる | mix |
| 蒸す | steam |
| あたためる | heat |
| 皮をむく | peel |
| 焼く | grill |
| 切る | cut |
| 薄く切る | slice |
| みじん切り | chop |
| さいの目切りにする | dice |
| 挽く | grind |
| 味付けをする | season |
| 煮る・沸かす | boil |
| ぐつぐつ・ことこと煮る | simmer |
| 量る | measure |

# ○お金とつきあう
## Budget Control

　一人暮らしの大学生だけではなく，すべての大学生にとって，お小遣いや生活費のやりくりを行うことは大切なことです．大学生の時期は，自立のための時期 (a period to prepare for independence)でもありますから，金銭面でも少しずつ保護者への依存を抜け出して，自分で使うお金は自分で稼ぎ，金銭的な自立ができるように生活費管理を覚えていきましょう．

　アルバイトをすると学生によっては，自分で学費が支払えてしまうくらい稼ぐ学生もいるようですが，稼いだら稼いだ分だけ使うのではなく，保護者と同居している学生なら，収入の一部を家に支出したり，一人暮らしの学生ならば，収入で生活費を補うなどしてみるとよいでしょう．

　お金と正しくつきあうことは，責任ある大人になるための第一歩です．自分の支出入を管理し，クレジットカードの使い過ぎや，友達からお金を借りるということは，しないようにしましょう．

May

Why don't we go see a movie?
映画見に行かない？

**I'm sorry bu**t I cannot.
ごめん，ちょっと無理．

✐Useful Expressions（便利な表現）

　誘いの断り方には，"I'm sorry but I cannot"
や，"I'm afraid but I cannot" といった表現があ
ります．"but I cannot"のところは，"I'm sorry
but I am busy today"（悪いけど今日は忙しい
んだ）といったように，断る理由を入れること
もできます．

# ○いろいろな住まい方
## Various Ways of Living

　一人暮らしには，アパートに一人で住むだけでなく，大学の寮(dormitory)や，友達とのルームシェア(room sharing)など，いろいろな形での住まい方があるかもしれません．

　筆者が通っていたアメリカの大学では，1年生は全員大学の寮で1年間は過ごすということが決まっていました．大学生活に早くなじんでもらうことと自立を促すことが理由です．アメリカの大学は，寮が大学の敷地内にあることが多いので，寮住まいの学生は，授業や課外活動にも参加しやすいですし，友達も作りやすく，いろいろなメリットがあるようです．日本の大学でも，寮住まいは，先輩や同級生，後輩といった様々な人と出会うことができるメリットがあるのではないでしょうか．

　最近増えているルームシェアは，アパートを複数の友人と一緒に家賃や光熱費を折半して暮らす住まい方です．一人暮らしよりもお金の面で節約になりますし，仲の良い友達と暮らせば，友情がより育めるかもしれません．アメリカでは家を1軒借りて，友人とは限らず複数のルームメイトと暮らしてお金を節約する大学生も多いです．

May

Why don't we go eat Sushi tonight? **I'll buy you.**
今晩，寿司食べにいかない？おごるから．

Great!
もちろん！

## ✐Useful Expressions（便利な表現）

「おごります」という表現には，"I'll buy you"や，"I'll treat you", "This is my buy (or treat) "（これは私が奢ります）といった表現があります．

## ○五月病
## May Depression

 5月は自立に向けての足場が落ち着く1年生が多い一方で，大学生活の緊張から少し解放されて，「自分が学びたかったことはこの大学では学べないかも知れない」とか，「友達がなかなかできない」，「いまいち授業がわからない」とか，その他いろいろなことがもやもやして，気持ちが塞ぎこんでしまうことがあります．これを五月病(May depression)といいます．人に会いたくなくなったり，大学に行きたくなくなったり，食欲がなくなったり，勉強する気持ちが失せたり，体調がなんとなくすぐれないな，と思ったら，とりあえず大学の学生相談室(Student Consultation Room)や，保健室(Health Center)，カウンセリングルーム(Counseling Room)に行ってみましょう．

 友達でも家族でもない，第三者に困った気持ちを話すことは，自分で思う以上に気持ちが軽くなることがあります．とりあえずもやもやした気分を第三者に話すだけでも，気持ちがすっきりするかもしれませんよ．

 大学にはみなさんが楽しく大学生活を送れるための様々な窓口があるので，なにか問題が生じても，一人で悩まないで，こうした窓口を利用しましょう．

May

> **Don't keep worries or problems to yourself.**
> Share them with people around you.
> 悩みや問題を自分で抱えないように．
> 周りの人と共有しよう．

### ✐ Useful Expressions （便利な表現）

"Keep ○○ to oneself"で「○○を自分一人で抱え込む」という意味になります．"Don't"をつければ「抱え込むな」という意味になります．たとえば"Don't keep all the club responsibilities to yourself"で「サークルの責任を自分で全部抱え込むなよ」という意味になります．

Words that describe your physical and mental condition〜つらい体調や気分を表す言葉〜

| | |
|---|---|
| stomach pain | おなかが痛い |
| headache | 頭痛 |
| migraine | 偏頭痛 |
| diarrhea | 下痢 |
| constipation | 便秘 |
| back pain | 背中が痛い |
| muscle pain | 筋肉痛 |
| sore throat | のどが痛い |
| feel depressed | 気分がふさぎ込む |
| have no appetite | 食欲がない |
| feel like throwing up (feel nauseous) | 吐き気がする |
| feel dizzy | めまいがする・くらくらする |
| feel irritated | いらいらする |
| cannot concentrate | 集中できない |
| feel sad | 悲しい |
| cannot control emotions | 気持ちがコントロールできない |

## May

| | |
|---|---|
| cannot sleep | 眠れない |
| cannot breathe | 息苦しい |
| have a nightmare | いやな夢を見る |
| feel anxious | 不安感がある |
| cannot motivate oneself | やる気がでない |

# ○体を動かそう
## Do Exercise!

　悩みやストレスをなくして，精神的に健康(mentally healthy)な生活を送るには，肉体的な健康(physically healthy)も大切です．大学生活では，体育の授業以外で運動をすることは，体育会系の部活やサークルに参加していれば沢山あるでしょうが，多くの学生にとっては運動することは少なくなるかもしれません．授業やアルバイトで忙しい日々の中で運動のための時間を見つけることは難しいかもしれませんが，忙しい中でもできる運動は沢山あります．

　たとえばウォーキング(walking)．大学の最寄駅から一つ離れた駅で下車して，いつもより多めに歩いたり，エレベーターやエスカレーターを使わずに，階段を歩くなど，ちょっとした工夫でウォーキングはできます．好きな音楽を聴きながら歩いたり，犬の散歩がてらに歩くと，無理なくウォーキングができるでしょう．

　本格的なウォーキングは，特別の腕の振り方や，足の運び方，呼吸方法等があるようですが，運動不足だな，と感じたらまずはいつもより多めに歩くところから，運動を始めてみましょう．

May

《一人で手軽にできる運動》

| ストレッチ | stretch<br>　首を上下左右に動かしたり，腕を伸ばしたりするだけでも，体の緊張を緩めることができます． |
|---|---|
| 腹筋運動 | sit-up<br>　ＴＶを見ながら気軽にやってみましょう． |
| 腕立て伏せ | push up |
| ジョギング | jogging |
| 散歩 | taking a walk |
| ラジオ体操 | Radio program exercise<br>　飛んだり跳ねたりするので，結構疲れます． |
| ヨガ | Yoga<br>　呼吸を整える運動なので普段使わない筋肉を鍛えられます． |
| 鉄棒 | horizontal bar<br>　大学や自宅付近の公園に鉄棒があれば，逆上がり等やってみましょう． |

# ○通学時間
## Time for Commuting

　最近は，不況を反映してでしょうか．一人暮らしにかかるコストを避けて，地元 (hometown) から通える大学に通う大学生が増えているということです．場合によっては，自宅から大学まで3時間もかかる学生もいるようです．私の知っている学生で，新幹線 (bullet trains) 通学をしている学生もいましたが，学生の電車定期には学生割引があるので，一人暮らしをするより安上がりだそうです．

　通学をする学生にとって，電車やバスでの通学時間は，授業の予習(prepare for class)をしたり，携帯メールをしたり(exchange text mails )，本を読んだり(read books)，音楽を聴いたり(listen to music)，寝たり(sleep)と，けっこう充実しているようです．

　電車の中でくつろぐのもいいですが，あくまで公共空間なので，音楽の音漏れや，携帯電話の通話といった，他のお客さんに迷惑をかける行為は慎みましょう．

May

> I **usually** read books on the train, but I am sleepy today.
> いつもは電車で本を読むけど，今日は眠いな．

## ✐Useful Expressions（便利な表現）

　頻度を表す表現には"usually"（普段は），"often"（しばしば），"sometimes"（時々），always（いつも），"rarely"（めったにしない）といったものがあります．"I rarely go to the movies"なら「めったに映画は見に行かない」になります．

## Train Terms～電車通学用語～

| | |
|---|---|
| 定期券 | commuter pass |
| 切符 | ticket |
| 乗客 | passenger |
| ホーム | platform |
| 駅員 | station staff |
| 売店 | kiosk |
| 満員電車 | crowded train |
| 時刻表 | timetable |
| 普通電車 | local train |
| 快速電車 | express train |
| つりかわ | strap |
| 座席 | seat |
| 予約席 | reserved seat |
| 電車から降りる | get off a train |
| 電車に乗る | get on a train |

# June

日に日に温かくなる6月，大学生活に慣れた1年生なら，新しいことに挑戦してみようかな(challenge something new)，アルバイトを始めてみようかな（start a part-time job），と思う時期かもしれません．大学生活は学費や生活費，交際費，等々いろいろお金もかかりますし，アルバイトをするのは金銭的な面だけでなく，社会生活を知る上での良い経験(have a part-time job is a good experience to understand society) になります．

# ○アルバイト
## Part-Time Job

　アルバイトは学生生活では経験できない，社会生活を知る上で，とても良い経験になります．自分よりもとっても年の離れた大人と働いたり，とっても年下の子どもに家庭教師をしたり，いろいろ苦労しながら一生懸命働いてお給料(payment)をもらうことは，いずれ大学を卒業して，社会人になる皆さんにとって，卒業後の生活を事前に経験できる機会となります．ただし，アルバイトのしすぎで，大学の勉強がおろそかになる(neglect studies)ことは慎みましょう．また最近は，大学生を狙ったねずみ講等の危険なアルバイトもあるということですから，犯罪に巻き込まれないよう，アルバイト選びも気をつけましょう．ちなみに,「アルバイト」という言葉はドイツ語で，英語ではないので注意しましょう．

《大学生がよく行うバイトの名称》

| 家庭教師 | tutor |
|---|---|
| 塾講師 | prep school lecturer |
| ウェイター | waiter |
| レジ | cashier |
| 店員 | shop Clerk |
| 事務 | office worker |

June

What's your part-time job?
バイト何してんの？

I'm working at a convenience store. **It's fun to** meet many customers.
コンビニで働いてんだ．いろんなお客さんがいて面白いよ．

### ✐ Useful Expressions （便利な表現）

"It's ○○(形容詞) to ○○（動詞）"で「○○（動詞）するのは○○(形容詞)」という意味になります．たとえば"It's tough to come to school at 9 in the morning"なら「9時に大学に行くのはつらいよ」という意味になります．

## ○大学各部署
## University Divisions

　学生課が，皆さんをサポートする大学組織の一つだと先ほど紹介しましたが，大学にはそのほか，様々な部署があって，みなさんの大学生活を支えています(support your university life). 大学によってはない部署もあるかもしれませんし，名称が異なる部署があるかもしれませんが，ここでは多くの大学にある部署を紹介しましょう．

《大学にある部署》

| | |
|---|---|
| 理事会<br>Trustee | 理事会は，大学の経営を担う部署で，理事長 (Chief Trustee) と理事 (Provost)から成り，キャンパスの整備や学費の決定など，健全な大学経営のための大学の中心的な部署です． |
| 学長室<br>President's Office | 大学の研究や教育に関する決定を担う部署で，大学教員から成る教授会を束ねます． |
| 総務課<br>General Affairs Division | 後述しますが，ハラスメントの問題や，大学卒業生組織との連絡等，他の部署で扱いきれない仕事が大学にはたくさんあって，そうした大学事務全般の仕 |

June

| | |
|---|---|
| | 事を行うのが総務の仕事です． |
| 広報課<br>Public Relations Division | 大学に関する様々な情報を提供する部署です． |
| キャリアサポート課<br>Career Support Division | 就職課ともいいますが，最近はキャリアサポート課という名称を用いる大学が多いようで，皆さんの就職活動を文字通り，サポートしてくれる部署です． |
| 人事課<br>Human Resource Division | 大学教職員の人事を管理する部署です． |
| 財務課<br>Finance Division | 大学の財政や，教員の研究費や教職員給与等を管理したりする部署です． |
| 入試課<br>Admission Division | 入試の方針を立てたり，入試パンフレットを作ったり，入試問題を管理する部署です． |
| 国際交流課<br>International Exchange Division | 海外から日本に勉強に来る留学生や，日本から海外に提携校へ学びに行く学生をサポートする部署です． |
| 学生課<br>Students Affairs Division | 学生生活全般を支える部署です． |

# ○コンピューターを使いこなそう
## Let's Use the Computer

　レポートやデータの作成や，実験等，コンピューターは大学生活に欠かせないもの(an indispensable part of university life)となっています．そのため，多くの大学では，コンピューターの授業が必修科目になっているようです．

　コンピューターは情報を集めるのに便利で，レポート作成等にそうした情報を使用する学生も増えていますが，無断でコンピューター上の情報をそのままレポートや論文に使用することは，著作権の侵害(infringement of copy rights)になります．使用するときは，きちんと使用したアドレスや，引用部分を明記しましょう(write down the address and quotation clearly)．

　コンピューターは，勉強に必要なだけでなく，いろいろな情報(collect information)を集めたり，ゲームをしたり(play games)，友達とメールでやり取りしたり(exchange messages via e-mail)と，多くの大学生にとっては生活の一部になっているのではないでしょうか．正しく使って，楽しみましょう．

## June

## Computer Terms～コンピューターに関する言葉～

| | |
|---|---|
| lap top computer | ノートパソコン |
| desk top computer | デスクトップパソコン |
| mouse | マウス |
| flash memory | ＵＳＢメモリー |
| screen | スクリーン |
| printer | 印刷機 |
| scanner | スキャナー |
| internet | インターネット |
| browsing | ブラウズ |
| provider | （インターネットの）プロバイダー |
| paste | 貼り付け |
| copy | コピー |

# ○メディア・リテラシー
## Media Literacy

　インターネットは様々な情報にアクセスすることができ，多くの人々と実名匿名を問わず意見交換ができたりして，大変便利ですが，使用する際に最低限守らなければいけないルールがあります．それを，メディア・リテラシーといいます．

　メディア・リテラシーには，例えば前ページで上げた，レポートでインターネット上の情報を引用使用した時は，引用したサイトのアドレスと，使用日を必ず記述する，匿名(anonymous)で書き込めるサイトで他人を冒涜する(humiliate)ような記述をしない，ウイルス・ソフト(virus software)などで他人のコンピューターに侵入しないといったたくさんの決まりごとがあります．

　現在は，コンピューターもインターネットも大学生にとっては勉強をする上で必要不可欠(indispensable)なので，多くの大学でメディア・リテラシーを教えていると思います．きちんと学んで，上手にインターネットと付き合いましょう．

June

> I **wanna** be a computer programmer.
> コンピューターのプログラマーになりたいんだ．

---

### ✎ Useful Expressions（便利な表現）

"wanna"は"want to"の短縮形で，カジュアルな会話ではよくつかわれる表現です．同様の表現として，"be going to"を省略した"be gonna"があり，こちらもカジュアルな場面で使う表現です．フォーマルな場面では，あまり使わない方がよいでしょう．

# ○携帯電話
## Mobile Phone・Cellular Phone

　コンピューターやインターネットと並んで，大学生にとって重要な情報源は携帯電話でしょう．最近の携帯電話の機能は高く，ほぼコンピューターと同じように，インターネット検索やメールができたり，写真も撮れるし(taking pictures)，音楽演奏(performing music)もできるようですね．

　とても便利な携帯電話ですが，コンピューターと同様に，たとえば電車内では携帯電話を使って話さない(do not use the mobile phone on the train)，授業中に携帯電話のメールをしない(do not use the text function of the mobile phone in the classroom)，自分の支払い限度額を超えるような利用をしない(do not use the mobile phone more than you can afford to pay the fee)，四六時中携帯電話ばかり使用するような携帯電話中毒(mobile phone addiction)にならない，といったマナーと節度が求められています．

June

> Use your mobile phone **with care**.
> 節度ある携帯電話の使い方をしましょう．

---

### ✐ Useful Expressions（便利な表現）

"with ＋（感情を示す）名詞"は便利な表現で"with gratitude"なら，「感謝の意味を込めて」，"with care"なら，「節度をもって」といった意味になり，皆さんの気持ちを表すことができます．

# ○大学生ファッション
## University Students' Fashion

　高校まで，制服(school uniform)を着ていた学生が圧倒的に多いと思いますが，大学では着るものは自由です．皆さん，自分の個性をアピールするような思い思いのファッションを楽しんでいるようです．

　大学によっては，大学オリジナルのTシャツや，バッグ等を販売して，こうしたオリジナル・グッズを身につけている学生もいるようです．皆さんの大学にはどんなオリジナル・グッズがありますか．

Clothe Names～服の名前～

| シャツ | shirts |
| --- | --- |
| パンツ | pants |
| ジャケット | jacket |
| セーター | sweater |
| トレーナー | sweatshirts |
| スカート | skirt |
| ワンピース | dress |

June

> **You look nice** in your red shirt.
> 赤いシャツが似合うね.

> Thanks.
> ありがとう.

---

✍ Useful Expressions （便利な表現）

　"You look ○○（形容詞）"で,「○○みたいだね」という表現になります. たとえば"You look tired"なら「疲れているみたいだね」という意味になります.

## ○学食
## University Cafeteria

　午前の授業を終えて食べる昼食は，疲れた頭を休めるとともに，友達との楽しいおしゃべりタイムでもあります．多くの大学には，廉価で昼食を提供する学食があります．メニューも豊富(lots of menus)で，量もいっぱい(large volume)，学生の栄養を考えてメニューも作られていて(nutritious menus)，これで値段もリーズナブル(a reasonable price)とあっては，毎日通いたくなってしまいますね．

　安くておいしい，というのが学食の一般的なイメージですが，最近は学生の多様化を反映して(reflecting the diversity of students)，学食で本格的なフレンチやイタリアンを提供する大学があったり、カフェのようなおしゃれな内装の学食があったりと，趣向を凝らした学食も増えているようです．

　ただし，おなかが一杯になって，眠くなったからといって，午後の授業をサボったり(skip classes)，遅刻(be late for classes)してはいけませんよ．

June

What are you eating today?
今日は何食べる？

**I feel like eating** curry rice today.
今日はカレーライスの気分だな．

### ✐Useful Expressions（便利な表現）

"I feel like ○○（動詞）＋ing"で,「○○のような気分です」という表現になります．たとえば，"I feel like crying"なら「泣きたい気分だよ」という意味になります．

Popular Cafeteria Menu Items〜人気の学食メニュー〜

| | |
|---|---|
| カレーライス | curry and rice |
| ラーメン | ramen noodle |
| 日替わり定食 | Today's special set menu |
| パスタ | pasta |
| 親子丼 | chicken and egg bowl |
| ハンバーグランチ | hamburger steak lunch set |
| とんかつ定食 | fried pork lunch set |
| 唐揚げ定食 | fried chicken lunch set |
| 焼魚定食 | grilled fish lunch set |
| 照り焼きチキン定食 | teriyaki chicken lunch set |

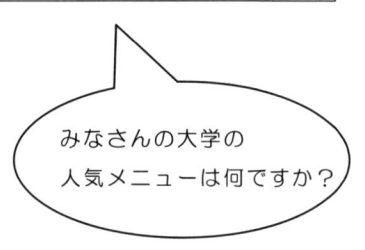

みなさんの大学の人気メニューは何ですか?

# July

　高校までの3学期制度と異なり、多くの大学は、前期・後期のセメスター制度(Semester System)をとっていて、7月は前期の終了月となります。学期の総仕上げとして、期末テストやレポートを課す先生がいて、これらをクリアして、成績がつきます。ここでは、テストにまつわる様々な表現などを見てみましょう。

# ○期末テスト
## Term Exam

　4月から7月にかけて学んだことをテストを通じて，先生方はチェックし，成績をつけます．大学の授業には必修科目（mandatory classes）と，選択科目(optional classes)があって，必修科目は卒業までに単位をとらないと，卒業できなくなってしまうので，注意しましょう．

　注意といえば，テストの際に絶対してはいけないのはカンニング(cheating)です．大学によっては学則（school regulation）で，カンニングをした時は停学（probation）をペナルティとして課すところもあるので，一生懸命勉強してテストに臨みましょう．

　また，授業によってはテストではなく，レポート(term paper)や作品(works)提出で，成績をつける先生もいます．夏休みを楽しく迎えられるよう，テストにしろ，レポート提出にしろ，がんばって臨みましょう．

　ちなみに中間テストは mid-term exam, 小テストは pop test といいます．

July

**I am supposed to** take 10 exams.
テストを 10 こ受けることになってるんだ．

Go for it!
がんばって．

## ✐ Useful Expressions（便利な表現）

"I'm supposed to ○○（動詞）"で「○○することになっている」という意味になります．"I'm supposed to meet Professor David tomorrow"なら「明日デビッド先生と会うことになってるんだ」という意味になります．

# ○相互学習
## Peer Teaching

　日本の大学でも増えているということですが，学生が授業でわからない点を教員に聞きに行くのではなく，学生同士で教えあうことを，"Peer Teaching"といいます．これは，気の合う友人に勉強のわからない点を教えてもらうのではなく，大学がピア・ティーチャーになりたいとの申し出のあった学生から成績等を基準に選んで登録し，学生がその登録から自分が教えてほしいと思うピア・ティーチャーを選んで，図書館等で互いに決めた時間内で，勉強を教えてもらうシステムです．

　筆者がアメリカで学生だったときにあったシステムなのですが，この大学ではピア・ティーチャーに時給を支払っており，ピア・ティーチャーは成績優秀な3, 4年生が多いようでした．

　たとえば，物理が得意な学生Aさんは，物理のピア・ティーチャーとして登録し，物理が苦手な学生Bさんが，Aさんにピア・ティーチャーとして，物理の勉強を教えてもらうのです．皆さんの大学にも，テスト前にこのシステムがあると，気軽にわからないところを教えてもらえて便利ですし，教えることでピア・ティーチャーの学生も学科の理解が深まるのではないでしょうか．

July

I don't understand what I am studying.
全然わからないよ.

**You'll be OK.**
大丈夫だって.

## ✐ Useful Expressions（便利な表現）

「大丈夫ですよ」という意味を表す表現には"You'll be OK"や，"You'll be fine"，"You'll have no problem"といった表現があります．

# ○成績の見方
## Grading

　試験を受けた後に返ってくるのが成績です．大学によって，成績の付け方の基準は異なるかもしれませんが，ここでは一般的な成績について説明しましょう．

　成績に関しては，授業態度(class attitude)や，出席回数(attendance)，宿題提出回数(assignment)等，総合的に成績を判断する先生がいたり，テストの成績だけで判断する先生もいます．返却された成績に不満があるときは，先生に聞きに行くこともできます．

　成績の基準は，各大学で異なるかもしれませんが，大体以下のような基準の大学が多いようです．

　A：優 (Excellent)，80～100点
　B：良(Good)，70～79点
　C：可(Passed)，60～69点
　D：不可 (Failed)，59点以下

　皆さんの成績はどうですか？　頑張ったはずなのに，納得のいかない成績がついたときなどは，担当の先生に成績について聞いてみるとよいでしょう．

July

> D for American History class!
> I cannot believe **I failed** the class.
> アメリカ史でDなんて！
> この授業の単位が取れないなんて信じられない．

✎ Useful Expressions （便利な表現）

　単位が取れた場合は"pass"，取れなかった場合は"fail"を使います．たとえば，"I passed Professor Yamada's Chemistry Class"なら「山田先生の化学の単位が取れたぞ」になります．

## ○学生授業評価
## Students' Class Evaluation

　かつて大学で評価されるのは，学生の成績だけでしたが，最近は大学の先生の授業を，履修した学生が評価するようになっています．

　評価の仕方は，授業評価アンケート(class evaluation questionnaire)という紙が授業の終わりごろに配られます．アンケートの内容は，大学によって異なりますが，多くは，授業に対する教員の熱意や，準備をきちんとして授業に臨んでいるか，わかりやすい授業であったか，といった項目があります．そうした設問に対して，学生の皆さんは，この授業はよかった(this was a good class) とか，授業のやり方でこうした点を直した方がよい（this point should be changed）とか，自由に記入する(you can comment freely) ことになっています．

　みなさんのこうした評価は，先生に返されて，皆さんの意見をもとに，授業をよりよくするために利用されます．大学の先生も頑張っているんですよ．

July

芝浦工業大学
システム工学部

## 授業に関するアンケート(講義)

このアンケート調査は、学生諸君の授業に対する評価を聞いて今後の教育内容や方法の改善を図るために実施されるものです。積極的に記入してください。

---

**下記の質問に対して、該当する番号をマークしてください。**

⑤ = 強くそう思う　④ = そう思う　③ = どちらともいえない　② = そう思わない　① = まったくそう思わない

**授業の内容・進め方**
1) 授業は良く準備されていた。　　　　　　　　　　　⑤ ④ ③ ② ①
2) 授業は分かりやすかった。　　　　　　　　　　　　⑤ ④ ③ ② ①
3) 教員の声は聞き取りやすかった。　　　　　　　　　⑤ ④ ③ ② ①
4) 教材(板書、配布物、視聴覚機器などを含む)は役立った。⑤ ④ ③ ② ①
5) 教員は教室の秩序を保つよう配慮した。　　　　　　⑤ ④ ③ ② ①
6) 教員は質問等に適切に対処した。　　　　　　　　　⑤ ④ ③ ② ①
7) 授業の進度は適切であった。　　　　　　　　　　　⑤ ④ ③ ② ①
8) 教員の授業に対する熱意が感じられた。　　　　　　⑤ ④ ③ ② ①
9) 授業内容について興味と関心が深まった。　　　　　⑤ ④ ③ ② ①
10) 教員は成績評価の方法や基準を適切に示した。　　　⑤ ④ ③ ② ①

**授業の総合評価**
11) 総合的に評価して、この授業は良かった。　　　　　⑤ ④ ③ ② ①

**指定質問項目**
12) ＿＿＿＿＿＿＿＿＿＿＿＿＿＿＿＿＿＿＿＿＿＿　⑤ ④ ③ ② ①
13) ＿＿＿＿＿＿＿＿＿＿＿＿＿＿＿＿＿＿＿＿＿＿　⑤ ④ ③ ② ①
14) ＿＿＿＿＿＿＿＿＿＿＿＿＿＿＿＿＿＿＿＿＿＿　⑤ ④ ③ ② ①

---

**― 自由記述欄 ―**

この授業の良かった点、改善すべき点など、自由に記入してください。

---

《芝浦工業大学システム理工学部授業評価アンケート・サンプル》

## ○大学の学部の名前
### Department Names

　大学組織は，多くの大学では学部（College/School）の中に，より専門的に分岐した学科(Department)があります．
（Department が学部として表記されている大学もあるので，注意してください）．

　最近は，こども学部とか，ロボット学部とか，ユニークな名前の学部や学科がありますが，ここではよくある学部名称をなんていうのかみてみましょう．

《芝浦工業大学システム理工学部キャンパス》

July

## 《よくある学部名称》

| 文学部 | College of Literature |
|---|---|
| 経済学部 | College of Economics |
| 経営学部 | College of Management |
| 医学部 | College of Medicine |
| 教育学部 | College of Education |
| 工学部 | College of Engineering |
| 心理学部 | College of Psychology |
| 芸術学部 | College of Arts |
| 法学部 | College of Law |
| 社会学部 | College of Sociology |
| 文化人類学部 | College of Anthropology |
| 語学部 | College of Linguistics |
| 農学部 | College of Agriculture |
| 理学部 | College of Science |
| 家政学部 | College of Home Economics |

# ○オープン・キャンパス
## Campus Visiting

　多くの大学では，大学進学を目指す受験生に，大学の雰囲気や，大学でどういうことを学ぶのかを知ってもらうための機会として，オープン・キャンパスというイベントが行われています．時期は夏休みが多いようですが，1年中行っている大学もあるようです．

　オープン・キャンパスの内容は，それぞれの大学で異なると思うので，一例として筆者の勤務校で行っている内容を紹介すると，研究室で教員が受験生に自分の研究について紹介したり(professors explain their research)，パネル展示(panel exhibition)があったり，無料学食体験(free food at school cafeteria)，在校生による相談コーナー(talking with university students)といった様々なイベントがあります．

　情報誌や高校の先生の指導での大学選びもよいですが，自分の学んでみたい大学を知る機会として，オープン・キャンパスに参加してみるのも良いかもしれませんね．

July

> Are you **coming** to A University's open campus?
> A 大学のオープンキャンパスに行く？

### ✐ Useful Expressions（便利な表現）

　Come という単語は,「来る」という和訳で覚えている学生が多いと思いますが, 運用では「行く」,「来る」どちらのニュアンスでも使えます. たとえば, お母さんに食事の支度が出来たから早く来なさい, と言われたら "I'm coming"で,「今行くよ」という意味になります.

《芝浦工業大学オープンキャンパスのパンフレット》

# August

　テストの後は，待ちに待った夏休み(long-awaited summer holiday)です．
　大学によっては，2か月にわたる長期の夏休みもあるので，あれもしたい，これもしたい，みなさん期待と計画でいっぱいでしょう．海に，山に，祭りにと皆さんはどこへ出かけますか．

# ○夏休み
## Summer Break

　大学生の夏休みの過ごし方はさまざまで,アルバイトに精を出す(taking lots of time for part-time jobs) 学生もいるでしょうし，海外旅行に行く(traveling abroad)学生もいるでしょうし，ボランティア活動に参加する(participating in volunteer activities) 学生もいるでしょうし,一人暮らしの学生ならば久々に実家に戻ってゆっくりする (relaxing at home) かもしれませんし，大学3年生なら就職活動(job hunting)，4年生なら卒業論文の準備 (preparing for your thesis) をしなくてはならなかったり，と色々です．

　長い休みなので，有意義な毎日を過ごしてください．ただし，時々，夏休みが終わった後に，大学での生活や勉強にスムーズに戻って来られない学生もいるので,大学のことを忘れない程度に，楽しい夏休みを送ってください．(enjoy Summer break but don't forget that you are university students).

August

**Any plans for Summer break?**
夏休みの予定は？

I'll go back to my hometown and see my old friends.
実家に戻って、昔の友達に会うんだ．

### 🍞 Useful Expressions（便利な表現）

"Any ○○（名詞）for ○○（名詞）?"は，たとえば"Any ideas for tonight's dinner?"なら「今晩の夕食何が食べたい？」といったように，相手の意見を聞くときに役立つ表現です．

## ○里帰り
## Home Coming

　一人暮らしをしている学生の多くにとって，夏休みは久々に実家に帰って，懐かしいおうちの人の手作り料理に舌づつみをうったり(enjoy homemade dishes)，旧友と遊んだり(have fun with old friends)してのんびりできる時間です．前期の疲れをいやして，後期に向かってエネルギーを養いましょう．

　実家が遠くて，帰省するお金がないよー，という学生には，「青春18切符」がお薦めです．JRが発行している格安切符で5枚つづりになっており，JRの列車で日本中どこでも旅ができます．新幹線等には使えませんが，鈍行電車(local trains)等でゆっくり里帰りするのも楽しい思い出になるのではないでしょうか．

### Types of Transportation～乗り物の名前～

| | |
|---|---|
| 飛行機 | airplane |
| 新幹線 | bullet train |
| 高速バス | highway bus |
| 船 | ship |

August

How much did it cost you to fly from Tokyo to Kochi?
東京から高知までの飛行機の運賃はいくらだった？

**It was about** 15,000 yen.
約1万5千円くらいだったよ．

### ✐ Useful Expressions （便利な表現）

"It is about ○○" で「約○○くらいです」という意味になります．たとえば，"It is about 6 O'clock" なら「だいたい6時くらい」という意味になり，時間や距離等いろいろな表現に使えます．

## ○サークル合宿・ゼミ合宿

### Summer Trip with Club Members・
### Summer Trip with Seminar Members

　サークルやゼミの多くは，夏休みを利用して1週間ほどの合宿を行います．スポーツ系のサークルならば，避暑地で合宿をするかもしれませんし，海外の問題等を研究しているゼミや研究室ならば，海外で研究合宿を行うかもしれません．

　合宿を行う場所ですが，大学に宿泊施設(university accommodations)がある場合は，格安(discount price)でそうした施設を利用できることもできますし，なくても大学生協(University Coop)に相談すれば，様々な宿泊施設を予算に応じて紹介してくれるでしょう．

　夏合宿は，サークル活動やゼミの勉強を集中的にできる良い機会であるだけでなく，メンバーとの親睦を深める機会(good opportunities to get to know each other)でもあるようです．

August

How was your summer trip with the club members?
サークルの夏合宿どうだった？

**It was fun.**
面白かったよ．

### ✎ Useful Expressions（便利な表現）

「楽しかった」という表現には"I had a good time"，"I enjoyed"，"It was fun"等いろいろな表現があります．こうした様々な表現をいろいろな場で使ってみてください．

## ○運転免許取得
### Getting a Driver's License

　長期の夏休みを利用して，運転免許の取得をする学生も多いようです．自宅のそばの運転免許学校(Driving School)に通って，免許取得をする学生もいますし，運転免許合宿といって，主に地方の運転免許学校の宿泊施設に泊まって，運転免許を取得する学生もいます．運転免許合宿は，いろいろな場所から大学生が集まるので，他大学の友達を作る機会にもなるようです．

　免許を取得するためには，交通ルール(traffic rules)に関するテストと，運転に関する実技テスト(driving test)をどちらも合格する必要があります．縦列停車(parallel parking)や，高速道路(highway)の運転など，難しいことも多いですが，がんばって勉強しましょう．

　免許を取得して，様々な場所をドライブするのも，楽しい夏休みの過ごし方ですが，安全運転(safe driving)を心掛けましょう．

August

> **Be careful** when you drive.
> 運転する時は気をつけましょう.

✎Useful Expressions （便利な表現）

「気をつけて」と，相手に注意を促す表現には，"Watch out," "Look out," "Be careful"という表現があります．

## ○お盆
### Ancestor Welcoming Ceremony

　お盆は日 8 月中旬（旧暦の 7 月 15 日），祖先の霊(ancestors'sprits)が家に戻ってくるのを迎える日本独特の風習です．祖先を迎えるために，提灯(lantern)や，きゅうりやナスで作った馬(a horse doll made of eggplants or cucumbers)，果物といったお供え物等を準備します．

　お盆は家族や親戚(relatives)が集まり，故人(deceased)をしのぶ良い機会です．仕事人間(workaholic)と揶揄される日本人ですが，この時期ばかりは，新幹線も，飛行機も，高速道路もごったがえすことからもわかるように，日本人の多くの人々にとって，お盆はいつもは会えない実家の家族や親戚と過ごしたい時期なのでしょう．

　この時期は日本中の到る所で夏祭り(summer festival)や，花火大会(fire works festival)も開かれ，学生の皆さんにとっては普段は会えない友達とも会うことの増える時期ではないでしょうか．

August

> **Long time no see.**
> 久しぶりだね.

### ✐Useful Expressions (便利な表現)

「ひさしぶり」という表現には, "Long time no see", "I haven't seen you for a long time", "How have you been?" といった表現があります.

# ○セクシュアル・ハラスメント/デートレイプ
## Sexual Harassment/ Date Rape

　夏休みは楽しいことがいっぱいで,開放的な気分になるでしょう.前期の疲れをとり,後期に向けて英気を養う上では,気持ちも体もゆっくり休めることは大切です.しかし,解放感に任せて,第三者に不快な思いをさせることは絶対に避けなければなりません.そうした行為に,デートレイプやセクシュアル・ハラスメントがあります.

　デートレイプとは,デート中に,相手の意思に反して性的行為を強要(forcing sexual acts against the partner's will)することです.セクシュアル・ハラスメントもデートレイプに含まれるかもしれませんが,性的行為の強要だけでなく,たとえばサークルの夏合宿で,夕食中に,性的な話題を口にして(taking up sexual topics),第三者を不快にさせる(making others uncomfortable)ことも,セクシュアル・ハラスメントに含まれます.

　万一,こうした行為に巻き込まれてしまった場合は,多くの大学ではセクシュアル・ハラスメント防止のための相談機関等(Sexual Harassment Prevention Committee)があるので,相談しましょう.

# September

　大学によっては, 10月から後期が始まるところもあるようですが, 多くの大学では9月が後期の開始です. 長い夏休みの後に, 久々に大学に戻る(back to school) と, 気分一新で勉強する気分に満ち溢れるかもしれませんね.

## ○後期開始
## The Beginning of Fall Semester

　夏休みが終わると,後期が始まります.多くの大学は2学期制（semester system）をとっていて,前期(Spring semester)と後期(Fall semester)毎に,履修できる科目が異なっているので,後期も前期と同様に,改めて履修したい科目を選んで履修登録をし,授業に臨みます.ちなみに3学期制は,Tri-semester system といい,この制度を行っている大学もあるようです.

　多くの大学では,前期に1年分の開講科目を一覧表や,授業スケジュール(annual course schedule)という形で配布していたり,大学のホームページ(university homepage)等で確認できるので,前期の間に後期に履修したい科目をある程度目安をつけておき,1年間分の履修スケジュールを作っておくと,履修登録がスムーズにいくでしょう.

September

Are you taking a History class?
歴史の授業とる？

I guess so.
たぶんね．

## ✐Useful Expressions （便利な表現）

「たぶんね」という表現には，"I guess so" のほかに "Perhaps", "Maybe", "Probably," といった表現があります．

# ○キャリアプランニング
## Career Planning

　皆さんは，大学を卒業したら何をしたいですか．卒業後の選択は様々で，就職する人，留学する人，進学する人等，その進路は十人十色でしょう．大学での勉強，バイトやサークル活動等を通じて，自分に合った仕事(a job suitable for you)は何なのか，一生を通じて何を達成したいのか(what you want to achieve in your life)をじっくり考えることが，キャリアプランニングです．家族や友達，大学の先生等，色々な人と相談して，最終的には自分自身で自分はどの仕事で，どのように生きていくのか決めましょう．

　どのような仕事が自分に向いているのかどうかを知るために，多くの大学では適性テストやキャリア・カウンセリング等を実施しているので，こうした機会も積極的に活用しましょう．

　ちなみに，キャリアというカタカナ表記は，英語ではcarrier（運送業者・荷台）という単語の発音に近く，careerはむしろコリアという発音に近いので，発音するときは注意しましょう．

September

> **What kind of** job do you want to get after graduation?
> 卒業したら、どんな仕事がしたいですか？

### ✎ Useful Expressions（便利な表現）

"What kind of ○○（名詞） do you ○○（動詞）"で「どんな○○（名詞）を○○（動詞）ですか」という意味になります．たとえば，"What kind of food do you want to have for dinner?"なら「夕食にどんな食べ物を食べたいですか」という意味になります．

# ○就職活動
## Job Hunting

　最近は，大学院(graduate school)に進学する学生も増えていますが，それでも多くの学生が大学卒業後は就職します．就職活動の時期は，就きたい仕事の種類によって異なるかもしれませんが，3年生の9月頃から就職に関する情報を集め始める学生が多いようです．

　就職活動の情報は，インターネットでも集めることができますが，大学のキャリアサポート課や，所属学科の就職担当の先生から情報を集めることができるので，いろいろな情報を集めましょう．その上で，自分に合った仕事は何か慎重に探していきましょう(choose a job carefully).

　キャリアサポート課では，エントリーシート（企業に提出する履歴書）の書き方(how to write resumes)，面接の受け方（how to handle job interviews）等も教えてくれるところが多いので，教えてもらうとよいでしょう．

　職業は，単にお金をえることだけが目的ではなく，自己実現や社会とのかかわりを保つためにも必要といわれています．自分が将来にわたって何をしたいのか慎重に考えて，就職活動をしましょう．

September

I was accepted by the design company.
デザイン会社に就職が決まったよ．

**Congratulations!**
おめでとう！

### 🖉 Useful Expressions （便利な表現）

「おめでとう」という表現には，"Congratulations"のほかに"I am happy for you"，"Good for you"といった表現があります．

# ○インターンシップ
## Internship

　自分に合った仕事探しの方法の一つとして，最近では企業(corporation)やNGO(Non Governmental Organization)等で短期間働くインターンシップがあります．

　インターンシップを授業の一環として行っている大学も増えており，インターンシップを行うことで単位が取れる仕組みになっています．自分の大学では，どういうインターンシップの授業があるのか興味のある学生は，学生課やキャリアサポート課で聞いてみるとよいでしょう．

　単位とは無関係に，関心のある企業に自ら申し込んで，個人的にインターンシップをする積極的な学生もいるようです．

　インターンシップは夏休みや春休み等の，比較的長期休暇中に行われることが多いです．こうした長期休暇を有意義に過ごす方法の一つです．

　インターンシップは，将来，働いてみたい仕事内容を知る上で良い機会ですので，関心のある学生は，挑戦してみるとよいでしょう．

September

**How did your internship go?**
インターンシップどうだった？

It was a good experience. I met lots of interesting people.
いい経験になったよ。面白い人に沢山会えたし．

### ✐Useful Expressions （便利な表現）

「○○はどうだった？」と経験を聞く表現には，"How did ○○（名詞）go?"や"How was ○○（名詞）?"といった表現があります．たとえば"How was your Spring Break?"だと「春休みどうだった？」という意味になります．

## ○ボランティア
### Volunteer

　無償の奉仕活動であるボランティアは，その形態はいろいろであり，皆さんの住んでいる地区の地区美化(cleanup activities in your neighborhood)の活動とか，小学生のクラブ活動の指導(instructing club activities of elementary school)とか，またはNPOやNGOといった団体のボランティアも考えられます．最も身近なところでは，献血(blood donation)もボランティアです．

　また，国内だけでなく，国外での井戸掘り (well digging)や，道路整備 (road paving)，識字教育 (literacy education)といった様々なボランティアに参加している大学生もたくさんいるようです．

　ボランティアは，今まで知らなかったたくさんのことを学べるだけでなく，ボランティアにかかわる様々な世代や国籍の人々と出会える機会を与えてくれるので，チャレンジしてみると面白いのではないのでしょうか．

　最近は，ボランティア先を紹介してくれる大学も増えているので，関心のある学生は，学生課等を訪ねてみるとよいでしょう．皆さんのキャリアを考える機会にもなるかもしれませんよ．

September

> **A good thing about joining a volunteer work is meeting people with various backgrounds.**
> ボランティアのいい点は、色々なバックグラウンドをもっている人たちと出会えることです.

### ✐ Useful Expressions （便利な表現）

"A good thing about ○○（動詞）＋ing is △△（動詞）＋ing＋目的語"で「○○するいい点は△△です」という表現になります．たとえば"a good thing about waking up early is feeling healthy"だと「早起きするいい点は健康的な気分でなることです」という意味になります．

# ○通信教育
## Distance Learning

　大学生の学び方は，大学に通って学ぶだけではなく，自宅で学べる放送大学(Air University)や，各大学で独自に行っている通信教育があります．

　通信教育のシステムはいろいろあると思いますが，一般的には，単位がほしいと思う科目に関して，大学から指定されるテキストを自分で読んで，それについてレポートをまとめて提出し，大学の教員に採点してもらい，合格すれば，その合格した科目の単位認定試験を受けると単位がもらえます．自宅学習だけでなく，卒業に必要な単位のうち何単位かは，実際に大学に行って講義を受けるスクーリングで取得することも求められることが多いようです．

　通信教育で学ぶ学生は，10代から高齢者まで幅広いのも，通学過程との大きな違いでしょう．

　授業で教員が科目について説明してくれる通学過程と異なり，通信教育は，自力で難解な概念を理解することが求められるので，大変です．しかしそれゆえに，単位を取る充実感があるのではないでしょうか．

September

> How's everything with your distance learning?
> 通信教育はうまくいってますか？

> **It's all right.**
> なんとかやっていますよ．

---

### ✐ Useful Expressions （便利な表現）

"It's all right"で，「なんとかやっています」「大丈夫ですよ」という意味になります．同様の表現には，"I'm doing fine"や，"It's OK"といった表現もあります．

# ○大学院
## Graduate School

　大学を終えた後の進路として,最近では大学院に進む学生も多いようです.大学院は,修士課程(master's course)と博士課程(doctoral course)に分かれていて,日本の大学では修士課程は2年,博士課程は3年で終了,というのが一般的なようです.

　修士課程も博士課程も,大学で学んだ専門教育をさらに深く学ぶので,どちらを終了しても選んだ分野のエキスパートになりますが,博士課程になるとより専門性が深くなります.卒業するためのハードルも,課程修了のために求められる論文(dissertation)のレベルが高く要求されるため,博士課程の方が,高くなります.

　また,大学院生は,未来の研究者の卵なので,在学時に学会に出席して論文発表したり,学術誌に論文を発表する(presenting papers at conferences and on journals)ことも求められます.

　研究をたくさんして,論文もたくさん書いて大変ですが,研究者になりたい学生にとって,好きな研究に没頭できる大学院は楽しい場所かもしれません.

September

> **Graduate school gives you opportunities** to deepen your academic interests.
> 大学院では専門が深く学べますよ．

### 📎 Useful Expressions（便利な表現）

　英語では，人を示す代名詞が主語になることが多いので，名詞が主語で，それが人に何かを作用するという表現は奇異に感じるかもしれませんが，"Spring will bring you lots of joy"（春になると楽しい気分でいっぱいです）といった表現も，英語ではしばしば使われます．

## ○How to be a doctor in the US?
## ～アメリカでの博士になる過程～

　専攻によって若干異なるかもしれませんが，大体以下の様な手順を踏んで博士になります．

---

Taking courses 授業を履修し，必要単位を取得します．
↓
Independent studies with dissertation committee members.
卒業論文指導教員を3人以上選び，その先生方各自と論文作成の準備を始めます．
↓
Qualifying exams 博士候補生資格試験．卒業論文指導の各教員から，論文準備が大体できた頃に受ける試験です．口頭試験や記述試験だったりします．
↓
Ph.D candidate 試験に受かると博士候補生になり，論文にいよいよとりかかります．授業も取り終え，試験に受かった学生はABD(all but dissertation)と呼ばれます．
↓
Submit dissertation 博士論文提出
↓
Oral exam　論文に関する内容を指導教員たちから口頭試問を受けます．
↓
Doctor 無事博士に！

---

# October

　新学期のばたばた (busyness of a new semester) も終わり，夏の暑さも収まる (calming down of summer heat)10 月は，勉強やスポーツなどに集中する良い月です．大学には，皆さんが落ち着いて勉強に，そして安全に運動のできる施設があるので，こうした施設を活用して，勉学とスポーツの秋を堪能しましょう．

# ○図書館に行こう
## Let's Go to University Library

　大学の図書館は，研究(research)のための書籍や専門雑誌(journals)，論文(articles)等があり，皆さんのレポート作成や，論文作成のためのサポートをしてくれます．皆さんが必要とする資料は，図書室にあるコンピューターで検索できると思いますが，不明な点は，司書(librarians)の皆さんに聞くとよいでしょう．司書の方々は，大学図書館内の資料検索のお手伝いをしてくれるだけでなく，大学にはない資料を他大学の図書館等から取り寄せてくれたり(getting materials not available at your university library from other libraries)，皆さんの研究の様々なサポートをしてくれる頼もしい方々です．

　図書館には，皆さんが静かな環境で勉強するための勉強スペース(quiet study space)も伴っています．勉強に疲れたら，図書室のAV機器で音楽を聞いたり，映画を見たり，雑誌や新聞に目を通すこともできます．

　私の勉強していたアメリカの大学では，図書館にPeer Support Serviceというのがあって，苦手科目を同級生が教えてくれるというサービスがあって，私もよく利用していました．

October

**I'm looking for an architecture book.**
建築の本を探しているんですけど．

It's on the 3rd floor. 3階ですよ．

### ✎ Useful Expressions （便利な表現）

"I'm looking for ○○(名詞)"で「○○を探しているんですが」という表現になります．たとえば"I'm looking for a vacuum cleaner"なら「掃除機を探しているんですけど」という意味になります．

## ○留学生と話そう
## Socializing with International Students

　最近は，日本の多くの大学で世界各国からの留学生(international students from all over the world)が増えています．留学生にとって，日本という異なる文化圏で学ぶことは(studying in a culturally different place)，新鮮で楽しいですが，日本人と留学生とが友達となって一緒に学べば，楽しさは倍増します．また，日本人にとっても，留学生と一緒に学ぶことは，日本人同士ではえられない様々な新しいことを学ぶ機会となるでしょう．

　留学生が作るサークルや，日本人学生の留学生サポート団体等のある大学も多いので，参加してみると面白いのではないでしょうか．

　留学生の皆さんにとっては，日本の大学は海外の大学とシステムが異なり，慣れるまでは大変でしょう(it must be tough for international students to get used to the Japanese university system)が，国際交流課のような大学の窓口が留学生サポートをしているので，困った時は積極的に利用するとよいでしょう．

## October

**Where are you from?**
どこ出身ですか？

I'm from Thailand.
タイ出身です．

### ✐Useful Expressions （便利な表現）

「どこ出身ですか」という表現には，"Where are you from?"のほかに"Where do you come from"といった表現があります．

# ○英語を勉強しよう
## Let's Study English

　留学生と交流するときに，日本語で学んでいる留学生にとって，日本語で会話することは大切ですが，一方で留学生がわからない単語等を説明するときに便利なのが英語です．留学生のすべての方々が英語を話すとは限りませんが(not all international students speak English)，英語は大学等の研究機関では，留学生や，他国の研究者と交流したり，文献調査をするのに便利な言語です．

　「英語は苦手」という日本人学生は多いようですが(many Japanese students feel they are not good at English)，かたことでも一生懸命話せば，英語は通じるものです．英語が苦手だなと思っている学生も，得意な学生も，留学生との友情作りに，話せる英語を大学時代に身につけてみませんか．

　多くの大学は，英語の正規授業(English curriculum classes)がありますし，正規授業以外にも英会話講座(extra-curriculum English conversation classes)を開いている大学もあるので，こうした機会を活用するとよいでしょう．

October

Do you speak English?
英語はなしますか？

**A little.**
ちょっと．

### ✐Useful Expressions （便利な表現）

　言葉をどれくらい話せるかを示す表現としては，「ちょっと(a littlle)」,「そこそこに(so so)」という表現がありますし，自信があるときは，"Yes, I do." "Of course!"といいましょう．

# ◯たくさんの言語に親しもう
## Learning Languages

　前ページで大学時代に英語を勉強しましょうと書きましたが，英語以外の言葉を学ぶのも，皆さんの視野を広げる(widen your perspective)のに役立つのではないでしょうか．

　母国語(mother tongue)以外の言葉を学ぶことは，その言葉を母国語とする人とのコミュニケーションに役立つだけではなく，その言葉が話されている国の文化(culture)や習慣(custom)といった言葉の背景も学ぶことになります．このため，多くの言葉に触れることは，皆さんの国際知識を増やすことにつながります．

　大学によっては，第二外国語(second language classes・英語を第一外国語と考えるので，このように表記されるようです)の授業として，中国語(Chinese)，スペイン語(Spanish)，フランス語(French)といった様々な語学の授業を行っている大学もあるので，こうした機会を利用して，第二外国語を通して，英語圏以外の国への関心を深めてみませんか．

October

《様々な言語》

| German | ドイツ語 |
| --- | --- |
| Swahili | スワヒリ語 |
| Russian | ロシア語 |
| Arabic | アラビア語 |
| Hindi | ヒンディー語 |
| Singhalese | シンハラ語 |
| Dutch | オランダ語 |
| Greek | ギリシア語 |
| Cambodian | カンボジア語 |
| Thai | タイ語 |
| Filipino | フィリピン語 |

# ○ハロウィン・パーティー
## Halloween Party

　ハロウィンは，もともとはケルト人が，死者の霊や，おばけから身を守るために仮面を被り，魔除けの火を焚いていた習慣が，欧米圏で，子どもが10月31日に仮装して近所を"trick or treat"（お菓子をくれないといたずらするよ）"といいながら歩いて回るイベントになったものです．

　この日は，子どもたちはミイラ(mummy)や，魔女(witch)，アニメのキャラクター(animation character)等，思い思いの仮装をします．お菓子はもらえるわ，面白い恰好はできるわ，夜更かしはできるはで，子どもにとってはわくわくの日のようですが，治安の悪いアメリカの一部では，子どもが夜出歩くのは危ないということで，ハロウィンの訪問を禁じているところもあるそうです．

　最近は，日本でも子どもだけでなく大人も仮装して遊ぶイベントの日になりつつあるようです．イベント大好き大学生も，仮装パーティーをしたり，仮装して大学内の研究室を練り歩いて先生からお菓子をもらったりして，ハロウィンを楽しんでいるようです．

October

**Trick or treat!**
お菓子をくれないと
いたずらするよ！

### ✎ Useful Expressions （便利な表現）

　"Or"という単語は便利な言葉で，「〇〇もしくは△△」という意味にもなりますし，動詞の後で使えば，「〇〇しないと△△になってしまうよ」という意味になります．たとえば後者の例は，"Hurry up or we will be late"で「急がないと遅れるよ」という意味になります．

## ○留学
### Studying Abroad

　留学生と仲良くしたり，英語や外国語を勉強したりするうちに，自分も海外の大学で勉強してみようかな，と思う日本人の学生もいるかもしれません．多くの大学では，海外姉妹校(sister universities)があって，そうした大学に交換留学ができます．留学期間は，短期から長期の留学プログラム(short-term and long-term study abroad programs)があるので，関心のある学生は，国際交流課等を，訪ねてみるとよいでしょう．

　海外での生活は，日本では経験できない毎日の連続(the succession of experiences you cannot experience in Japan)で，視野が広くなりますし(expand your perspectives)，精神的にもタフになるだけでなく，客観的に改めて日本や国際関係について考えることができるようになるので，在学中，もしくは卒業してから留学してみるのも面白いのではないでしょうか．

# October

> **I miss** Japanese foods!
> 日本食が恋しいよー．

---

✎ Useful Expressions （便利な表現）

"I miss ○○（名詞）"という表現は，「○○が恋しい」，「○○が懐かしい」，「○○がなくてさびしい」といったように，色々な意味で使える便利な表現です．

# Japanese Foods〜日本独特の食べ物〜

| 納豆 | fermented beans |
| --- | --- |
| 豆腐 | tofu |
| そば | buckwheat noodle |
| うどん | udon noodle |
| せんべい | rice cookies |
| 梅干し | pickled plum |
| らっきょう | pickled shallots |
| おにぎり | rice ball |
| さしみ | raw fish |
| 巻きずし | sushi roll |
| 漬け物 | pickled vegetables |
| 餅 | rice cake |

# November

秋の穏やかさも終わりに近づき (the calmness of Autumn is ending), 冬の寒さの始まる (the coldness of Winter is beginning) 11月は, 寒さを吹き飛ばすかのように, 学生の活気があふれる学園祭が多く開かれます.

# ○大学祭
## University Festival

　大学祭は，多くのサークルが参加して，食べ物の模擬店(booths)を開いたり，サークル活動の成果を披露すべくコンサート(concert)や展覧会(exhibition)を行ったり，実行委員会が有名人(celebrities)を招いたりして，大学生全員が参加して楽しめる機会です．

　大学近隣の住民の方(neighbors)も遊びに来るので，大学生だけでなく，地域全体が楽しめるにぎやかなお祭りです．普段は大学生ばかりのキャンパスで，子どもや中高生，高齢者といった様々な人々が楽しく時を過ごしている姿を見かけるのも一興です．

　大学祭に参加するサークル等は，メンバーが協力して，準備に長い時間をかけて本番を迎えるので，終わった後は大きな達成感(a feeling of achievement)があるでしょうし，メンバー間での結束も強くなるようです．

November

**Let me buy** you Yakisoba.
焼きそばおごるよ。

Thanks.
ありがとう。

📎Useful Expressions （便利な表現）

"Let me ○○（動詞）"で，「（私に）○○させてください」という意味になります．例えば，"Let me answer that question"で「その質問は私に答えさせてください」という意味になります．

# ○学生自治会
## Students Organization

　多くの大学では，大学生が自分たちでどのように大学生活をよりよくさせるかを決定(decide)し，それを実行するために大学と交渉(negotiate)したりする組織があり，それを学生自治会等と呼びます．

　大学の主役は学生の皆さんですから，こうすると大学生活がもっとよくなるんじゃないかな，こうすれば問題解決になるんじゃないかな，というアイディアをみんなで出し合って(share ideas together)，楽しい大学生活を送りましょう．

　ちなみに私が勉強していたアメリカの大学では，大学院生は，新任の大学の先生を選ぶ委員会(hiring committee)に参加することもできて，自分たちが一緒に学びたい先生を選ぶことができました．カリキュラムの要望もだすことができて，とても積極的に学生自治を行っていました．自分たちに一生懸命教えてくれる先生を，学生たちが自分たちで選ぶことさえ許すアメリカの大学のシステムには驚きました．

November

The president accepted our idea to expand the school cafeteria.
学長が学食を増設するアイディアに同意してくれたよ．

**We made it!**
やったね！

✐ Useful Expressions （便利な表現）

"Made it"は「やったね」とか「うまくいったね」という意味になります．"I made it"なら「(私が) うまくいった」という意味になり，主語を変えるだけでいろいろな場面で使える便利な表現です．

## ○紅葉狩り
## Red and Yellow Leaves

　秋になるとカエデやモミジ（maple），イチョウ(ginkgo)といった落葉樹の木々の葉は全国各地で黄色や赤といった色に変わり，その美しさで私たちの目を楽しませてくれます．紅葉で有名な場所には，紅葉の季節には多くの観光客でにぎわいます．

　日本各地に有名な紅葉の場所(famous sightseeing spots for red and yellow leaves)はありますが，紅葉で有名な観光地の一つである関東の「日光いろは坂」は，紅葉シーズンになると，紅葉を見ようと車で坂が渋滞する景色がよくニュースで報道されるので，知っている方も多いかもしれません．その他日本中に紅葉で美しい場所が多々あります．

　皆さんが学んでいるキャンパスにも落葉樹があれば紅葉するので，授業の合間に色とりどりの紅葉を愛でて，癒されるのでしょうか．それとも落ち葉(fallen leaves)を集めて友だちと焼き芋(baked sweet potato)をして，やっぱり「食欲の秋」でしょうか．

November

The weather forecast **said** it would be a wonderful day to see beautiful leaves tomorrow.
天気予報によると明日は紅葉狩りによい日だそうだよ．

### ✐Useful Expressions　（便利な表現）

　"主語＋says (said) it"で見聞を表現する文章で,「○○だそうです（だそうでした）」という意味になります．"主語は人称名詞でも，一般名詞でも使えます．例えば，"He says he is coming soon"なら「彼はすぐ来るそうです」という意味になり，"TV news said tomorrow would be raining"なら「テレビのニュースによると明日は雨だそうです」という意味になります．

# ○エコキャンパス
## Ecology-Conscious Campus

　昨今は，環境意識の高まり(the increase of ecology consciousness)で，多くの大学で，ゴミを減らそう(decrease the amount of garbage)，ゴミをリサイクルしよう(recycle garbage)，無駄をなくそう(do not waste resources)，キャンパスの緑を増やそう(increase campus trees and plants)，二酸化炭素を減らそう(decrease carbon dioxide)，といった意識が高まり，大学全体で環境負荷を減らす試みを行う，エコ・キャンパス作りが盛んです．

　かけがえのない地球，環境のために，マイ箸を持参したり，ゴミの分別を徹底したりと，環境のために皆さんが何ができるか考えてみましょう．

### Garbage Division〜ゴミの分別の仕方〜

| 可燃ごみ | Flammable garbage |
| --- | --- |
| 不燃ごみ | Nonflammable garbage |
| リサイクル可能なごみ | Recyclable garbage |

November

**I'm concerned with** environmental issues.
環境問題に関心があるんだ．

Me too.
私も．

📎Useful Expressions （便利な表現）

「○○に関心がある」という表現には "I'm concerned with ○○とか", "I'm interested in ○○", "I'm curious about ○○"といった表現があります．

# ○子育てキャンパス
## Campus with Children

　昨今は，ライフスタイルが多様化しているため，子育てを終えてから，大学や大学院で学ぶ女性も増えています．こうした子育て中の女性が安心して勉強できるために，大学内に育児施設(nursery)を作る大学が少しずつですが，日本の大学に増えています．

　筆者がアメリカで学生をしていた 1990 年後半には，学んでいた大学にこうした施設があって，子育て中の友人が施設を利用しており，学業も子育ても両立できる環境を大学が積極的に提供していることを知り，大変感心したものです．

　従来，多くの女性は学習意欲があっても，研究か家庭かの二者選択を迫られることが多く，両立が困難でしたが，学ぶことは一生続きますから，子育てをしていても学び続けたい多くの女性のために，大学が子育て支援をしていくことが，これからますます求められるのではないでしょうか．また大学は学生だけでなく，職員に多くの女性もいるので，こうした子育てをしている働く女性のためにも，子育てキャンパスが全国に広がっていくといいですね．子育てに積極的に参加したい男性のためにも必要でしょう．

November

Is your baby **at** the nursery today?
今日は赤ちゃん，育児室にいるの？

Yes, he is.
そうです．

### ✎Useful Expressions （便利な表現）

　場所を示す前置詞には at, in, in front of, behind 等いろいろあってどれをどの場所に使えばよいかわからなくなることが多いと思います．大雑把な覚え方としては，比較的限定された場所は at（例えば at home)，比較的広い場所には in (例えば in Japan)を使う，と覚えておくとよいかもしれません．ただし，英語には例外がつきものである点も覚えておいてくださいね．

## ◯禁煙キャンパス
### Non-Smoking Campus

　喫煙が,吸う人だけではなく,周囲の人にも健康に与える様々な害が明らかになっている中,健康増進法が制定され,公共空間(public space)では禁煙の場所が増えています.多くの大学においても,喫煙場所を限定するなどして,受動喫煙の防止策が講じられています.喫煙する教員も,学生の健康を考慮して,研究室では禁煙している方もいるようです.

　20歳になったらたばこが吸える,ということで喫煙を始める大学生も多いようです.たばこを吸う,吸わないは本人の決めることですが(it's up to you whether you smoke or not),たとえば歩きながら吸うとか,たばこの灰を路上に捨てる,禁煙場所でたばこを吸う,といったマナー違反はせずに,他人に迷惑をかけないよう,そして自分の健康を考えながら,吸う人はたばこと付き合いましょう.禁煙したいと思っていても,中毒化していてなかなかやめられない学生は,保健室で相談するとよいかもしれません.

November

**I'd like to** quit smoking. What should I do?
禁煙したいのですが，どうしたらいいでしょうか？

## ✐Useful Expressions （便利な表現）

「○○したい」という表現だと，"want to ＋動詞"を考える人が多いかもしれませんが，目上の人や，知らない人と話すときの丁寧な表現に，"I'd like to ＋動詞" があります．

# ○研究室・ゼミ選び
## Choosing a Research Laboratory or Seminar

　大学によって研究室やゼミに配属される学年や時期は異なりますが，研究をより深く行うために，自分が指導してほしいと思う先生の研究室や，ゼミをどこにしようか考える必要があります．

　研究室やゼミでは，皆さんが学びたいことをより専門的に学ぶだけでなく，担当教員から密接な研究指導を受けたり，研究室やゼミのメンバーと一緒に学んでいくことになります．

　自分が何を学びたいのか(what you'd like to study)，学んだことを将来どのように生かしたいのか(how you'd like to use what you studied in the future)，教員との相性(relationship with an advisor)はどうか，といったことを総合的に考えて選びましょう．事前に教員に研究室について尋ねたり，先輩から情報を聞くのもよいかもしれません．

## November

**What's your major?**
専門は何？

My major is Anthropology, and I am studying in Professor Tanaka's seminar.
文化人類学を専門していて，田中先生のゼミで勉強しているんだ．

### ✐ Useful Expressions （便利な表現）

大学の専門を聞く表現に，"What's your major?"や，"What are you specializing in?"といった表現があります．

# ○資格取得に挑戦しよう
## Try to Get Qualifications

　大学時代は，大学の勉強，サークル，バイト等いろいろと学生の皆さんは忙しいですが，一方で将来の仕事に役立つようにと会計士(accountant)，インテリア・コーディネーター(interior coordinator)，秘書検定(secretary examination)等の資格取得に頑張る学生も多いようです．

　資格というわけではないですが，最近は就職活動で英語の能力試験 TOEIC のスコア提出を求める企業も多いということで，英語の勉強に励む大学生もいるようです．

　大学で学んでいる科目に関連した資格を取ることは，日々学んでいることが資格という目に見える形で出てくるので，皆さんの学ぶ気持ちを高めてくれるかもしれません．しかし，資格を取ることが目的となって，大学の勉強がおろそかになる，ということがないようバランスを取りながら，資格取得を目指してください．

　学生の資格取得を支援している大学も多いので，学生課等に，どのようなサポートがえられるのか聞いてみるとよいでしょう．

November

> **Guess what!**
> I got the certificate for accounting.
> なんと！会計士の資格が取れちゃった．

> Congratulations!
> おめでとう！

> ✎ Useful Expressions （便利な表現）
>
> "Guess what!"は，話を切り出す前の表現で，「何があったと思う」とか，「なんと」といった意味合いがあり，会話をスムーズにする便利な表現です．

## Qualification Exams
## ～さまざまな資格試験（一例）～

| | |
|---|---|
| エコ検定 | Ecology examination |
| 英語検定 | English examination |
| 簿記検定 | Bookkeeping examination |
| 日本語検定 | Japanese examination |
| 建築士 | Architect examination |
| 栄養士 | Nutrition examination |
| 調理師 | Cooking examination |
| 保育士 | Child Care examination |
| 弁護士 | Bar examination |
| 社会福祉士 | Social Welfare examination |

# December

木々の葉もすっかり落ちた 12 月は，年の瀬ということもありレポート提出期限が迫っていたりして，何かと気ぜわしい (feel busy) 時期ですが，一方でクリスマスや大晦日といった年末の楽しいイベントもあり，学生の皆さんにとってはうきうきする (feel happy) 時でもあるかもしれません．

## ○冬休み
### Winter Break

　多くの大学では，12月の後半ごろから1月初頭にかけて，2週間ほどの冬休みがあります．大学によっては，年内に後期が終了するところもあるかもしれませんが，多くの大学で後期は1月下旬から2月初頭に終わることが多いので，実際は，後期が終了していないので，レポートや論文作成，休み明けの期末テストなど，気がかりなこともあるでしょう．それでも，年末年始は，クリスマスや大晦日，初詣と楽しいイベントがたくさんありますし，一人暮らしをしている学生にとっては，年始年末をゆっくりと実家の家族や友達と過ごす時期でもあるでしょう．

　「年忘れ」という言葉もあるように，年始年末は普段の忙しさや心配をひとまず置いて，年始年末特有の忙しさとにぎやかさを家族や友達と楽しんでください(enjoy the busy and happy time around the end of the year with family and friends)．そして，新年明けに向けて，英気を養ってください．

December

I'm going skiing this Winter break with my friends.
冬休みは友達とスキーに行くんだ.

How nice. **Enjoy!**
いいねー. 楽しんどいで！

🖋️ Useful Expressions （便利な表現）

「楽しんでくださいね」という表現には "Enjoy"のほかに"Have fun", "Hope you have a good time"といった表現があります.

# ○忘年会
## The End of the Year Party

　大学生は何かと理由をつけては飲み会(party)を開くものですが,忘年会をサークルの友達やゼミの教員や仲間等と開く学生は多いのではないのでしょうか.大学生にとって飲み会の強い味方は居酒屋(Izakaya bar)ですね.手頃な価格(reasonable price)に,バラエティ豊富なメニューは財布にもからだにもやさしいですね.

　最近は「家飲み」(home party)も多いようです.みんなで飲み物や食べ物を持ち寄って,家で忘年会をすれば,安上がりです(it is cheaper if people bring drinks and foods to a party).

　アメリカでは,こうした持ち寄りで行うパーティーをPotluck partyといい,学生だけでなく,いろいろな世代の人が楽しむパーティーの形態です.

　外で飲むにしても,家で飲むにしても,いずれにしても,くれぐれも飲みすぎ,騒ぎすぎには気をつけましょう.未成年の飲酒はもちろんだめですよ.

December

> Are you joining tomorrow's party?
> 明日の飲み会行く？

> **I'm debating.**
> 考え中．

### ✎ Useful Expressions （便利な表現）

"I'm debating"や，"I'm thinking about it"で，「考え中」という意味になります．なかなか決断できない時に使える便利な表現です．

# ○クリスマス
## Christmas

　多くの大学生の皆さんにとって,冬休みの楽しみの一つはクリスマスイブや,クリスマスを友達や家族と過ごすことではないでしょうか.まちもクリスマス・イルミネーションで彩られ(decorated with Christmas illuminations)とても美しく,クリスマス・ソングが流れ楽しい気分を盛り上げてくれます.

　クリスマスは,いまさら説明する必要もないかもしれませんが,イエス・キリストの誕生(the birth of Jesus Christ)を祝うキリスト教のお祝いの日です.欧米では家族が集まる機会で,教会に行ったり,夜は七面鳥(turkey)やケーキを食べ,プレゼントを交換したりして,静かにお祝いすることが多いようです.それでも子供たちにとっては,家族や親戚と集まり,プレゼントがもらえるので,楽しい日のようです.

　日本ではデートやパーティーを楽しむ日になっているようです.皆さんはどう過ごすのでしょうか.

December

I broke up with her just before Christmas.
クリスマス直前で彼女と別れちゃったよ.

**Cheer up.**
元気出せよ.

### ✐ Useful Expressions（便利な表現）

　落胆している友達に声をかける表現として, "cheer up"（元気出せよ）とか, "take it easy"（くよくよすんな）といった表現があります.

## ○大晦日
## New Year Eve

　1年の最後を締めくくるこの日は,年越しの準備で忙しく,学生の皆さんも,家族と買い物に出かけたり,ごちそうの準備をしたりとあれこれ忙しいでしょう.年賀状(New Year card)の準備に追われている人もいるかもしれません.最近は新年のあいさつをメールで済ます人も増えているようですが,新年にポストを開けて,親しい人や懐かしい人から年賀状が届いていると嬉しいものです.普段,手紙やはがきを書かない人は,せっかくの冬休みですから,年賀状をお世話になった人や,友達のために書いてはいかがでしょうか.

　夜には家族でテレビを見たり,年越し蕎麦を食べたり(eating buckwheat noodle)とまったりする学生もいるでしょう.年末は1年間を振り返る特別番組が多いので,テレビが好きな人にとっては,ゆっくりとテレビを見る良い機会かもしれません.友達とカウントダウン・パーティーの学生もいるでしょう.

　除夜の鐘(The watch-night bell that rings 108 times to purify the year's woes)を聞きながら,1年を思い思いに振り返ってみましょう.

December

I had 10 bowls of Soba noodles.
そばを１０杯食べたよ．

**You're kidding!**
冗談でしょ！

## Useful Expressions （便利な表現）

"You're kidding!"や，"You're joking!"で，「冗談でしょう」とか，「ふざけてんでしょう」といった意味になります．主語を「私」にして，"I'm joking"にすれば，「冗談だよ」という意味になります．

## ○大掃除
### Housecleaning

　日本では年末に,新年を新たな気持ちで迎えるために,家じゅうを掃除する「大掃除」をする家が多いです.家によっては,家族総出で,大掃除をする家もあるかもしれません.一気に家じゅうを大掃除するのは大変なので,2週間くらい前から計画的に少しずつ大掃除を始める家もあるようです.

　ふだんはあまり掃除しない換気扇(fan)や,窓ふき(window cleaning),冷蔵庫の中(inside of refrigerator),障子の紙(shoji paper)の張替などは疲れますが,きれいな部屋で新しい年を迎えるのは気分が良いものです(It makes you feel good to spend a New Year at a clean room).

　めったに掃除しない引き出し(drawer)の中や押し入れ(closet)を整理して,昔の写真アルバムを見つけて思い出に浸るのもよくある大掃除の風景です.

December

> Will you clean the windows?
> 窓掃除してくれる？

> **Got it.**
> まかしとけ．

### ✎ Useful Expressions （便利な表現）

相手からのリクエストに対する了解を示す表現として，"Got it"，"OK"，"Sure"という表現があります．どれも短いので覚えやすく，いろいろな場面で使える便利な表現です．

# Cleaning Terms〜掃除用語〜

| 掃除機 | vacuum cleaner |
| --- | --- |
| ぞうきん | dust cloth |
| はたき | duster |
| ほうき | broom |
| バケツ | bucket |
| 拭く | wipe |
| 磨く・こする | polish |
| 洗剤 | detergent |
| スポンジ | sponge |

# January

　年も明けて，大学の 1 年間も終わりに近づいてきました(the end of the academic year is approaching). お正月のお屠蘇気分が抜けると，期末テストに入試，卒論の追い込みと，大学のいろいろなイベントが学生の皆さんを待っています．

## ○正月
### New Year

　楽しい大晦日が終わって,お酒をちょっと飲みすぎた,なんて人もいるかもしれません.初夢で「一富士,二鷹,三茄子」を見たなんて人もいるかもしれませんね.

　正月は,おせち料理(New Year dish) を堪能したり,親戚(relatives)に会ったり,お寺や神社に初もうで(the yearly first visit to a temple or shrine)に行ったり,友達に会ったりと,ゆっくり過ごす大学生が多いでしょう.

　親戚や保護者から,お年玉(New Year's gift)をもらってほくほくしている人もいるかもしれませんし,もしかしたら渡す側になっていて,お財布がピンチの人もいるかもしれません.久々に会った親戚の小さな子と凧上げ(kite flying)や,羽子板で遊ぶ(playing with Hagoita)のも,お正月ならではの光景です.

　新しい年の初めに,元旦の計(New Year's resolution)を立ててみるのもいいですね.

January

> I ate 10 pieces of rice cake and now I have a stomachache.
> 餅を10個食べたら、おなかが痛いよ.

> **No wonder.**
> 当たり前だ.

## ✏ Useful Expressions （便利な表現）

"No wonder"は「当たり前」「とうぜん」という意味の表現です．"It's no wonder ○○"にすると，「○○して当然だ」という文章になります．

# ○成人式
## Ceremony for Coming of Age

　20歳を迎えると，多くは地方自治体(municipal government)が主催する成人式が日本各地で行われます．自治体の長である町長や市長(mayor)といった人々が，新成人になる皆さんに，激励のメッセージを伝えたり，有名人(celebrity)をスピーチに招いたり，各自治体によって，内容は多彩なようです．

　成人式では，多くの参加者はドレス・アップしますが，女性は振袖(long-sleeved kimono)，男性はスーツが多いようです．日常で着物を着ることは滅多にないので，振袖を着るこの機会を，本人だけでなく保護者も楽しみにしている場合もあるようです．

　一生に一回きりの機会ですから，成人式に参加して懐かしい友達に会ったり，成人としての気構えを新たにする，ということは良いと思いますが，時々ニュースで報道されるように，お酒の飲みすぎで，スピーチをしている人に野次をとばしたり(heckling)，けんか(fighting)をしたり，なんてことにならないように気をつけましょう．

January

Are you coming to the ceremony for coming of age?
成人式に来る？

**Of course**.
もちろん．

### ✐ Useful Expressions（便利な表現）

「もちろん」を意味する表現には，"Of course"のほかには，"Sure" や"Why not"といった表現があります．"Why not"は，否定的な表現に聞こえるかもしれませんが「しないわけがない」つまり，「もちろん，やります」といったニュアンスになります．

# ○選挙権
## Suffrage

　20歳になると皆さんに与えられる権利が選挙権です．選挙には国会議員を選ぶ国政選挙(national election)から，皆さんが住んでいる地方自治体の議員を選ぶ選挙まで，さまざまな選挙があります．

　若年層の選挙離れが指摘されて久しく，政治には興味がないな，なんていう学生の皆さんも多いと思いますが，皆さんの住んでいる町や，そして国そのものを良くするために，きちんとしたビジョンを持ち，私たちのために一生懸命働いてくれる政治家(politician/statesperson)を選ぶのは，他ならぬ皆さんです．

　最近では，投票(vote)をしやすくするために，多くの自治体では，公民館といった場所での選挙だけでなく，駅付近の施設や，デパートの一部で投票ができたりと，いろいろな工夫をしています．

　テレビのニュース番組や新聞をしっかり読んで，こんなふうにしたら，生活がよくなるだろうな，ということを実現してくれそうな政治家を皆さんが選ぶことが，よりよい国づくりのために皆さんに与えられた権利であると同時に義務でもあり，それが民主主義(democracy)の維持につながるのです．

January

> I went to vote yesterday.
> **Did you?**
> 昨日，投票に行ったけど，君は行った？

### ✎ Useful Expressions （便利な表現）

「自分は○○したけど，君はどうですか（どうだった）」と聞くための便利な表現に，"do you (Did you)?" があります．"I was busy last night. Were you?" なら，「昨晩忙しかったけど，君はどうだった？」という意味になり，先行する動詞に合わせて疑問の省略文を作ることで，相手の行動を聞く表現が作れます．

## ○法令順守
### Compliance

　選挙権の話のついでに皆さんに知っていてほしい言葉に「コンプライアンス（法令順守）」という言葉があります．文字どおり，法律を守りましょうという意味です．普段の生活の中で，法律を意識して暮らしている学生はそんなに多くないかもしれませんが，皆さんが赤信号を無視したら(ignoring red signal)，道路交通法違反に問われるかもしれませんし，著作物を無断で引用したら(citing without clarifying quotations)著作権法に問われるかもしれませんし，日常のささいな行動が，実は法律に直結していることがとても多いのです．特に20歳になると，違法・不法行為が新聞等で実名で報道されることもあるので，良識のある行動を心がけましょう．

　多くの大学では，法学部の学生でなくても教養科目等で法律の授業があるので，こうした授業を受講して，どういう行為が違法，不法行為になるのかについての法律知識を学ぶリーガル・リテラシー(legal literacy)を持つことも大学時代にはぜひ身につけてほしい知識の一つです．

January

《法律の名前》

| 憲法 | Constitution. 国家存立の基本的条件を定めた日本における最高法規です． |
|---|---|
| 民法 | Civil Code 財産や身分に関する一般的な事項を規定する法律です． |
| 民事訴訟法 | Code of Civil Procedure 私人の財産や身分に関する訴訟に関して規定した法律です． |
| 刑法 | Penal Code 犯罪や刑罰を規定した法律です． |
| 刑事訴訟法 | Code of Penal Procedure 刑法に関する訴訟手続きを規定した法律です． |
| 商法 | Commerce Code 商取引に関して規定した法律です． |
| 労働法 | Labor law 労働に関して規定した法律で，労働基準法，労働組合法等様々な法律があります． |

（参考：『広辞苑』）

## ○大学入試
## University Entrance Exams

多くの大学では,1月末から2月にかけて大学入試が実施されます.大学生になった皆さんには,入試は「大変だったなー」といった思い出に過ぎないかもしれませんが,これから大学生になる皆さんには大きな大きな出来事です.入試を受ける皆さんは,緊張せず(don't get nervous)に,力を発揮(do your best) してください.

Entrance Exam Styles〜さまざまな入試形態〜

| | |
|---|---|
| 大学センター入試 | National Entrance Exam |
| 一般入試 | Entrance Exam |
| 指定校入試 | University Entrance through the Recommendation of Designated High schools |
| ＡＯ入試 | Admission Office Entrance Exam |
| 推薦入試 | University Entrance through High School's Recommendation |

January

I'm **so** nervous.
超緊張する．

Relax and do your best.
リラックスしてがんばれ．

### ✎ Useful Expressions （便利な表現）

　気持を強調して表現したいときは，so, very, really, terribly といった副詞を形容詞の前に使うと，とっても，本当に，超，といった意味になります．たとえば，"I'm terribly sorry"なら「本当にごめんなさい」といった意味になります．

# ○またまた期末テスト
## Term Exams Again

　受験生が入学試験を受けているとき,大学生は後期試験の真っ最中ではないでしょうか.前期の期末試験も大切ですが,後期は4年生にとっては,卒業にかかわる授業もあり,一つでも単位を落とすと卒業できなくなるので,単位を落とさないよう(not to fail credits)頑張って試験に臨みましょう.

　残念な話ですが,毎年単位が足りなくて留年(remain in the same grade)したり,カンニングで停学(suspension)になったり,勉強する気がなくなって休学(stop out)したり,退学(drop out)してしまう学生は少なくありません.

　勉強がわからないことは恥ずかしいことではないので,勉強についていけないな,とか授業の内容がどうしても理解できないな,と思ったら,一人で悩まないで,友達や,先生,学生課等に相談しましょう.また,精神的な問題で勉強に身が入らない場合は,カウンセリングを受けてみるのもよいかもしれません,いずれにしても,せっかく入学した大学ですから,なんとか単位がとれるよう努力して,卒業しましょう

January

> **What if** I fail English class.
> 英語の授業、落としたらどうしよう．

> Take it easy.
> あんまり緊張するなよ．

### ✐ Useful Expressions （便利な表現）

"What if ○○（文章）"で，「○○したらどうしよう」と仮定を示す表現になります．例えば，"What if he cannot come to the party"だと，「彼がパーティーに来られなかったらどうしよう」という意味になります．

# ○ウィンター・スポーツ・シーズン
## Winter Sports Season

　1月は冬まっ只中，4年生以外は期末試験も終わって気分晴れ晴れ，ということで，スキー(ski)やスノーボード(snowboard)とウィンタースポーツを楽しむ学生も多いでしょう．最近の学生は，スノーボード派が多いようですね．スキーやスノーボードをしたことがない人は，大学時代の比較的時間の余裕のある時に，挑戦してみると面白いかもしれません．体育の授業で，スキーやスノーボードの特別授業を行っていたり，学生自治会主催のスキーやスノーボード旅行といったイベントを行っている大学もあるようなので，こうした機会を利用するのもよいかもしれません．

　凍てつくような空気を吸って，山からスキーやスノーボードで滑るのは気分爽快(feel so good)です．そのあと，あたたかなロッジでホット・ココアを飲むと，幸せ倍増ですね．ウィンター・スポーツは楽しいですが，くれぐれもけがのないように，また冬山は天候が変わりやすいので，雪崩(avalanche)などに気をつけて楽しみましょう(enjoy winter sports but don't hurt yourself).

January

**This is my first time to ski**.
スキーするの初めてなんだ．

Really?
そうなんだ．

### ✎ Useful Expressions （便利な表現）

"This is my first time to ○○（動詞）"で，「○○（するのはこれが初めて）という表現になります．First を last にすれば，「○○するのはこれが最後」という表現になります．

# Weather Terms〜天候を表す言葉〜

| 晴れ | sunny |
|---|---|
| 雨 | rainy |
| 大雨 | heavy rain |
| にわか雨 | shower |
| くもり | cloudy |
| 雪 | showy |
| 吹雪 | blizzard |
| みぞれ | sleet |
| あられ・ひょう | hail |
| 霧 | mist |
| 霜 | frost |

# February

　寒さの厳しい2月は，受験生(examinees)にとっても，卒業を控えた大学4年生にとっても，勉強のうえで厳しい時期(tough time)ですが，それが終われば楽しい春休みはもうすぐです．がんばりましょう．

## ○卒業論文
## Thesis

　大学4年間の勉強締めくくりとして,多くの大学では,皆さんがどれだけ学んだのかを,卒業論文や卒業設計等の形で提出することが卒業要件(requirement for graduation)となっております.

　卒業論文を書くためには,まず自分で研究してみたいテーマを設定し,関連の様々な論文や書籍を読んだり,場合によっては関係者にインタビューしたりと,その完成のためには,多くの時間と労力(lots of time and energy)がかかります.また,著作権の侵害をしないように,他の人の書いた論文や著作から文章や考えを引用する場合は,きちんと引用先を明記しましょう.

　大学によっては,卒業論文等の発表(thesis presentation)が必要なところもあります.卒業論文指導の先生(thesis advisor)に指導を受けながら,1年かけて仕上げる論文や作品は,大変ですが,出来上がると達成感があるので,がんばって仕上げましょう.

February

How's your thesis going?
卒論は進んでる？

**I've just submitted it now.**
今提出したところ．

### ✎ Useful Expressions （便利な表現）

"I've just ○○（過去分詞）now"で「今，○○したところ」という意味になります．たとえば，"I've just met her now"だと「今，彼女に会ったところ」という意味になります．

## ○節分
### Spring Equinox

　節分は，春がやってくる前に，豆をまいて厄払い(expel evil spirits)する日本独特の習慣です．芸能人や相撲取りといった人たちが，神社の境内で盛大に豆まきをしているニュース番組をみたことのある人も多いのではないでしょうか．地域によっては，鰯の頭(sardine head)を柊(holly)の木に結びつけ，家の入口に飾って，厄払いをするところもあるようです．

　豆をまくときは，「鬼は外，福は内(goblin outside, happiness inside)」と叫びながら，豆を家の周りにまいたり(scatter beans)，鬼に扮装した人にぶつけたりして厄払いをします．豆を自分の年の分だけ食べると，病気にならないともいわれています．最近は，その年にとって良いといわれる方角に向って太巻き(sushi roll)を食べると，福が来るといわれており，恵方巻きという太巻きを食べる人も増えているようです．恵方巻きは七福神にちなんで，七つの具が入っているとのことです．スーパーやコンビニでも売ってますし，友達とわいわいいいながら恵方巻きを作るのも楽しいかもしれませんね．

February

> **How many** beans are you eating?
> 豆は何個食べるの？

> 20!
> 20個だよ．

### ✐ Useful Expressions （便利な表現）

　How は便利な表現で，"How many"は数を聞く表現，"How often"は頻度を聞く表現，"How much"は量を聞く表現，"How old"は年齢を聞く表現になりますが，英語圏では，相手の年齢を聞くのはあまり適切ではないので，避けた方が良いでしょう

# ○バレンタイン・デイ
## Valentine's Day

　本著を執筆中に，2月のイベントが考えつかず，学生の皆さんに，2月のイベントといえば何ですか，と聞いた時に圧倒的に多かったのが，バレンタイン・デイでした．学生の皆さんには，バレンタイン・デイはお楽しみイベントのようです．

　彼氏にチョコレートをあげたり(give chocolate to boyfriend)，サークルの仲間に義理チョコをあげたり(give nominal chocolate to club members)，女子学生の皆さんは，どれくらいチョコレートに支出をするのでしょうか．男子学生の皆さんは，何個チョコレートをもらえるか，楽しみの日なのでしょうか，それともあまり楽しくない日なのでしょうか．

　最近は，おいしいチョコレートを自分用に購入する女性も多いようです．また，友チョコといって，女友達同士でチョコレートを贈ったり，逆チョコといって，男性が女性にチョコレートを贈るのも流行りつつあるようです．

　ちなみに，欧米ではバレンタイン・デイはカップルが花束やクッキーといったプレゼントをお互いにプレゼントする日です．

February

**Uh huh.**
まあね．

You got 20 chocolates!
チョコレートを 20 個も，もらったのかよ．

### ✎ Useful Expressions （便利な表現）

英語では、"uh huh", "oh", "well", といった状況によっていろいろな受け答えや意味になりうる表現があり、こうした何気ない表現を使いこなせると、自然な英会話に近づいていきます。

# ○家でのんびり
## Pastime

　期末試験も終わり，卒業論文が終了し，肩の荷が軽くなるこの時期は，外も寒いし，家でこたつに入ってゆっくりする人も多いかもしれません．大学生の皆さんが家でくつろぐ時は，どのようなことをするのでしょうか．

　コンピューターゲーム(playing computer game)や，TVやビデオDVD観賞(watching TV, video, and DVD)，友達を家に誘っておしゃべり(chatting with friends)，ペットと遊ぶ(playing with pets)，マンガを読む(reading comic books)，お菓子を食べる(eating snacks)，音楽を聴く(listening to music)，友達と携帯でおしゃべり(chatting with friends on mobile phone)，ネットサーフィング(net surfing)，などなど色々あるかもしれません．

　筆者の働く大学は，工業大学のため，コンピューターゲームの好きな学生が多いようで，暇だと一日中ゲームで遊んでいると聞いて，驚かされることがよくあります．目や腰が疲れないのだろうかと心配になりますが，これが彼らにとっては最高ののんびり方法のようです．

　皆さんのお気に入りの家でののんびり方法は何でしょうか？

February

> **What's up?**
> なんか,面白いことあった?

### ✐ Useful Expressions (便利な表現)

　日本語で電話で会話するときに,「最近どう?」や,「なんか,面白いことあった?」という表現を使う人が多いと思いますが,英語で同様の表現に"What's up?"があります.友達から電話がかかってきて,「なんかあった?」と聞くときも,"What's up?"が使えます."What's up?"は親しい間柄の人に使う言葉なので,目上の人には使うのは避けた方が良いでしょう.

# Telephone Conversations
## 〜電話で話すときによく使う表現〜

| | |
|---|---|
| もしもし. | Hello. |
| ○○さんはいますか？ | Can I talk to ○○?<br>Is there ○○? |
| 少々お待ちください. | Hold on a second.<br>Wait for a second.<br>(Coud you や Please を文頭につけるともっと丁寧です) |
| またかけ直します. | I'll call you back. |
| よく聞こえないのですが. | I cannot hear you well. |
| もっと大きく話してもらえますか？ | Could you talk louder? |
| 伝言をお願いできますか？ | Could you take a message? |
| それではまた. | (I'll) talk to you later.<br>Good bye. |

# March

いよいよ大学生活最後の月となりました．テストも終わり，冬の寒さも緩んで，皆さん解放感 (feel free) に満ちているのではないでしょうか．

## ○卒業式
## Commencement Ceremony

　大学の卒業要件をすべてクリアする(complete all requirements for graduation)と，大学生活が終わります．卒業を控えている皆さんは，勉強に，遊びに，サークルにといろいろな思い出が駆け巡るのではないでしょうか．卒業式は，皆さんの頑張りを讃える日です．楽しい大学生活最後の日を過ごしてください(enjoy the last day of your university life). そして，皆さんが卒業するまで支えてくれた多くの人たち，友達や，先生や，職員の方や，家族，といった人たちに感謝する日にしてください．

　私の知っている女子学生たちは，卒業の数ヶ月前から，卒業式に着るはかま(Japanese kimono dress)や，謝恩会等のパーティで着るドレスの話で盛り上がっていました．男子学生は，お色直しをする学生はあまりいないようですが，女子学生には，華やかな服を着ることのできるお楽しみイベントでもあるようです．

　皆さんの大学生活の最後の一日が，満ち足りたものであることを祈っています．

## March

> Today is a perfect day for commencement, **right**?
> 今日は卒業式に最適の日だね．

> Yeah. Beautiful day.
> うん．いい天気だね．

### ✐ Useful Expressions（便利な表現）

相手に同意を求める表現に，"Right" があり，文章の後につけるだけなので，とても便利な表現です．たとえば，"You are going to Osaka tomorrow, right?" なら「明日大阪に行くんだよね」という意味になります．

## ○卒業旅行
## Trips to Celebrate Commencement

　卒業生の多くは，就職や進学等の始まる4月前に，最後の学生気分を満喫するため(enjoy the last minute of university life)に，そして大学の友達との最後の思い出作り(make good memories)に，国内外問わず卒業旅行に出かける学生が多いようです．旅行会社も，卒業旅行用に，安価なツアーをこの時期はたくさん用意しているので，利用するとよいでしょう．新しい生活が始まると，なかなか時間が取れなくなるので，最後の長い休暇を堪能してください．

Good Traveling Spots for University Students
大学生のための安・近・短のおすすめ国外旅行スポット

| 韓国 South Korea | とにかく近いのが嬉しい．ご飯もおいしい． |
|---|---|
| グアム Guam | 近いし，海はきれいだし，いうことなし． |
| タイ Thailand | 寺院を訪れたり，スパイシー・フードを食べたり飽きません． |

　他にもたくさん，楽しい場所があります．自分で見つけてみましょう．

March

Why don't we go to Guam?
グアムに行こうよ．

**It depends on** my budget.
予算次第だな．

## Useful Expressions （便利な表現）

「○○次第（による）」という条件を示す表現には，"It depends on ○○"や，"It's up to ○○"という表現があります．たとえば，"It's up to you"なら「あなた次第です」という意味になります．

# ○卒業生組織
## Alumni

　多くの大学には，卒業生(graduates) が作る組織があり，こうした組織に参加すると，卒業した後も，大学の OG・OB として大学とかかわり続けることができます(continue to interact with the university).

　卒業生組織に加わると，卒業生組織の多くは，全国にネットワーク(national network)があるので，地元の先輩や後輩と懇意になる機会(opportunities to get to know seniors and juniors)を持てたり，大学や有志で開催する全国の卒業生が会うパーティなどもあるので，そういう機会には，旧友にも会えたりもできるでしょう．また，大学からニュースレター送られて,母校の最新情報(you can get update information on your university via the newsletter)等を知ることができたり，大学図書館を利用できる，といった特典もあるようです．

　皆さんの大学には,どのような卒業生組織があるのか,関心がある人は，大学の総務課等に問い合わせてみるとよいでしょう．

March

I ran into an old friend at the alumni party the other day.
先日，卒業生のパーティで昔の友達に会ったよ．

**Great!**
よかったね！

### ✐ Useful Expressions （便利な表現）

「よかったね」という表現には，"Great," "It's wonderful," "Good," "Fabulous," 等いろいろな表現があります．その場その場でさまざまな表現に挑戦してみましょう．

# ○生涯学習
## Life-Long Learning

　大学を卒業しても，人の知的好奇心(intellectual curiosity)はやむものではありません．専門的であるにしろ，趣味にしろ，ずっと学び続けていくことを生涯学習といいます．大学院で勉強するほどではないけれど，何か勉強し続けたいな，と考える人にとって，学習機会は民間のカルチャースクールや，自治体での学習講座など，いろいろ開かれていますが，多くの大学でも生涯教育学習のさまざまな講座を行っています．

　手前みそですが，筆者が勤務している大学では，ロボット・セミナーや，アンチ・エイジングに関する講座，中国語やスペイン語といったバラエティに富む講座を行っています．こうした講座は卒業生も受けられるでしょうし，地域の人にも開放されており，関心のあることを学び続けられるだけでなく，関心を共有する人との出会い(meeting people who share the same interests)の場所にもなるのではないでしょうか．

March

> **Are you new here?**
> この授業は初めてですか？

### 🖉 Useful Expressions （便利な表現）

"Are you new ○○"で，「○○は初めてですか」という意味になります．○○は here や，場所の名前を入れることが多いです．たとえば，"I'm new in this school"なら「この学校は初めてです（来たばっかりです）」というニュアンスになります．

## ○春休み
## Spring Break

　在学生にとっては，期末テストが終われば，春休みです．小中高校の春休みは，1週間弱の短いものですが，大学は1月末から2月初旬にかけての期末テストが終了すると春休みになるので，夏休み同様，比較的長い休みです．旅行に，バイトにインターンシップ等，あれこれできるのではないでしょうか．

　春休みの時期は，多くの旅行会社にとって，オフ・シーズン(off season)という一般の人があまり旅行をしない時期のため，大学生にターゲットを絞った比較的安価なツアー(reasonable price tours)がたくさん組まれます．こうした学生特典は，大学生の間しか使えないので，行ってみたいと思う国があれば，是非行ってみるとよいのではないでしょうか．

　ゆっくり休んで(take a good rest)，4月からまた始まる1年間に備えて(prepare for a new academic year)，エネルギーを蓄えましょう(save energy).

March

**Are you ready for** the new semester?
新学期の準備はできてる？

Yes, I am.
もちろん。

### ✐Useful Expressions （便利な表現）

"Are you ready for ○○(名詞)"で,「○○への準備はできていますか？」という意味になります．例えば，"Are you ready for tomorrow's exam?"なら「明日の試験の準備はできていますか」という意味になります．

# Afterword　終わりに

　大学生の1年間は，様々な人と出会い，新しいことをたくさん学び，楽しかったことも辛かったことも含めて，皆さんの人生にとってかけがえのない日々(precious days)で詰まっています．本著は，こうした様々な経験を，英語でどのように表現するのか，紹介しました．

　皆さんの大学生の1年間を，日本語で，そして英語で，たくさんの人と共有できますよう，そして，そうすることで皆さんの世界がもっともっと広がりますように，この本が少しでも役に立てれば嬉しいです．

　また，出版の機会をくださった本叢書の編集長であり，芝浦工業大学副学長村上雅人先生，英語のチェックをしてくれたマイケル・ウォントさん，素敵なイラストを描いてくれた酒井由香里さん，原稿のチェックをしてくれた千明めぐみさん，編集作業をしてくださった小林忍さん，大学生のイベントを一緒に考えてくれた芝浦工業大学カルチュラル・スタディーズ研究室の学生の皆さん，皆さんのおかげで楽しい本ができました．心からの謝意を送ります．

2010年4月　著者

**著者：盛　香織**（もり　かおり）
ニューヨーク州立大学院バッファロー校博士課程修了。Ph.D
マイノリティ研究を専門とする。
現在、芝浦工業大学システム理工学部のコンテント・ベースド・イングリッシュ・プログラム担当。

＊＊＊＊＊バウンダリー叢書＊＊＊＊＊
英語で表現する大学生活
2010年 5月 10日　第1刷発行

発行所：㈱海鳴社　　http://www.kaimeisha.com/

## JPCA

本書は日本出版著作権協会（JPCA）が委託管理する著作物です．本書の無断複写などは著作権法上での例外を除き禁じられています．複写（コピー）・複製，その他著作物の利用については事前に日本出版著作権協会（電話 03-3812-9424, e-mail:info@e-jpca.com）の許諾を得てください．

編　　集：村上　雅人
発 行 人：辻　　信行
組　　版：海　鳴　社
印刷・製本：シナノ印刷

出版社コード：1097　　　　　　　　　© 2010 in Japan by Kaimeisha
ISBN 978-4-87525-268-9
落丁・乱丁本はお買い上げの書店でお取替えください

＊＊＊＊＊＊＊＊＊＊＊バウンダリー叢書＊＊＊＊＊＊＊＊＊＊＊

## さあ数学をはじめよう　<87525-260-3>

**村上雅人**／もしこの世に数学がなかったら？　こんなとんちんかんな仮定から出発した社会は、さあ大変！　時計はめちゃくちゃ、列車はいつ来るかわからない…ユニークな数学入門。　1400円

## オリンピック返上と満州事変　<87525-261-0>

**梶原英之**／満州事変、満州国建国、2.26事件と、動乱の昭和に平和を模索する動き──その奮闘と挫折の外交秘史。嘉納治五郎・杉村陽太郎・広田弘毅らの必死の闘いを紹介。　1600円

## 合気解明　フォースを追い求めた空手家の記録

**炭粉良三**／合気に否定的だった一人の空手家が、その後、合気の実在を身をもって知ることになる。不可思議な合気の現象を空手家の視点から解き明かした意欲作！　1400円　<87525-264-1>

## 分子間力物語　<87525-265-8>

**岡村和夫**／生体防御機構で重要な役目をする抗体、それは自己にはない様々な高分子を見分けて分子複合体を形成する。これはじつは日常に遍在する分子間力の問題であったのだ！　1400円

## どんぐり亭物語　子ども達への感謝と希望の日々

**加藤久雄**／問題行動を起こす子はクラスの宝──その子たちを核にして温かいクラス作りに成功！　不登校児へのカウンセリング等で、復帰率8割に達するという。　1600円　<87525-267-2>

## 英語で表現する大学生活　入学から卒論まで

**盛香織**／入学式に始まり、履修科目の選択、サークル活動や大学祭や飲み会など大学生活には多くのイベントが。それらを英語でどう表現するか。英語のレベルアップに。1400円　<87525-268-9>

＊＊＊＊＊＊＊＊＊＊＊〈本体価格〉＊＊＊＊＊＊＊＊＊＊＊